KB045349

말에도
적당한
거리가
필요
합니다

말에도 적당한 거리가 필요 합니다

다니하라 마코토 지음

우다혜 옮김

침묵으로 리드하는 고수의 대화법

휘둘리지 않고 나의 리듬을 찾는 침묵의 기술

저녁달

들어가며

인간관계의

고민을

순식간에

없애는

방법.

그것은 바로

….

우리는 매일 수많은 대화를 나눕니다. 그중엔 잘 통하는 대화도 있지만, 잘 통하지 않는 대화도 있지요.

대화의 기술에 관한 비즈니스 서적이 많이 출간되어 팔리고 있는 이유도 그 때문입니다. 말하는 방법에 대한 강의도 곳곳에서 성황리에 열리고 있고요.

대화가 제대로 이루어지지 않는다고 했을 때의 대표적인 사례는 '침묵이 지속되는 대화'입니다. 그러나 놀랍게도 대화가 원활하게 이루어지기 위한 비결도 '침묵'에 있습니다.

이 책에서 침묵의 비밀을 밝혀보고자 합니다.

들어가며의 서두에서도 이 책을 읽게 하기 위한 침묵의 기술을 사용했습니다. 바로 '자이가르닉 효과'인데요. '자이가르닉 효과'의 의미와 적용 방법은 본문에서 구체적으로 설명하겠습니다.

대화에서의 '침묵'은 두려워하거나 피해야 할 것이 아닙니다. 그저 효과적으로 이용해야 하는 것이지요.

부디 이 책을 읽고 '침묵하는 용기'를 얻으시길 바랍니다.

_ 다니하라 마코토

contents

파워 사일런스-1

: 대가들은 침묵으로 자신의 리듬을 찾는다

Part 1

파워 사일런스-2

Part 2

: 상대에게 휘둘리지 않는 침묵의 힘

파워 액션

Part 3

: 침묵에도 통하는 테크닉이 있다

파워 퀘스천

Part 4

: 침묵으로 유연하게 리드하라

파워 토크

Part 5

: 강하고 묵직하게 이기는 침묵의 품격

Part 1

파워
사일런스-1

대가들은 침묵으로

자신의 리듬을

찾는다

침묵은

상대의 마음을

움직인다

이 책은 모순으로 가득한 책입니다. 대화를 잘하기 위해 말을 하지 않는 '침묵'을 한 권 분량으로 풀어내려고 하니 말입니다.

이 세상에는 말로 표현하기 어려운 일들이 무수히 많습니다. 하지만 인간은 말로 형용하지 못하는 것들도 감성으로 이해하는 능력이 있지요.

예술이 바로 그 예입니다. 예술은 그 자체로도 인정받지만, 뛰어난 예술론적 평가에 따라 그 가치가 더욱 높아지기도 합니다.

결국 예술에 관한 커뮤니케이션은 언어로 표현되는 것과 언어로 표현되지 않는 것 둘 다에 의해 성립되는 것입니다.

그렇지만 요즘 사회 전반에 말의 중요성이 강조되다 보니 사람들은 침묵을 어색해합니다. 결국 말을 지나치게 많이 해서 생기는 커뮤니케이션의 오류도 발생하지요.

예술 작품을 감상할 때 옆에서 해설을 장황하게 늘어놓으면 감성에 방해를 받습니다. 말하지 않는 것, 곧 침묵이 진정한 커뮤니케이션이 되기도 합니다.

세상에는 '어떻게 말할까?'를 설명하는 책은 넘쳐납니다. 이 책에서는 반대로 말이 존재하지 않는 '말과 말의 사이'를 어떻게 효과적으로 활용하는지, 즉 침묵의 사용법에 대해 생각해 보고자 합니다.

'예술'이라는 감성 중심의 세계를 언어로 표현한 책으로는 제아미世阿弥의 《풍자화전風姿花傳》이라는 이론서가 있습니다. 《풍자화전》은 감성과 언어라는 상반되는 두 가지 주제를 훌륭하게 고찰한 책이지요.

본래 예술이란 노하우와는 거리가 먼 것입니다. 만약 '예술가가 되는 방법'이라는 노하우가 있다 해도 그 노하우를 터득하면 세계적인 예술가가 되리라고 생각하는 사람은 별로 없을 것입니다. 예술처럼 '사람의 감성'이라는 불확정적인 것에 호소하는 방법은 일반화하기 어렵고, 그 방법론을 가리키는 말 또한 극히 드물기 때문입니다.

《풍자화전》은 일본 전통 가무극인 노(能)에 대해 다음과 같은 견해를 보입니다.

노는 관객 앞에서 어떻게 연기하는지가 중요합니다. 하지만 관객이 노를 즐길 상태가 아니라면 노에 성공하지 못했다고 할 수 있습니다.

노에 성공하려면 객석이 어수선할 때는 연기를 하지 않았다가 객석이 가라앉고 관객 모두가 한마음으로 '아직 멀었나, 언제 시작하는 걸까?' 하며 악사들 쪽으로 주의를 기울일 때까지 침묵을 유지합니다.

이렇게 극에 대한 집중도가 정점에 달했을 때 무대에 오르면 관객들의 기대가 높아져 노를 즐길 마음의 준비가 되고 그날의 공연은 성공하는 것입니다.

이것은 대화에서도 적용할 수 있습니다. 쉴 새 없이 말을 하다 보면 듣는 쪽은 피곤해지고 점점 이야기가 머릿속에 들어오지 않게 되지요. 반면, 잠시 입을 다물거나 말을 줄이면 상대는 '무슨 말을 꺼내려는 걸까?' 하고 기대하거나 머릿속으로 상대방이 앞서 이야기한 내용을 정리할 수도 있습니다.

침묵함으로써 오히려 대화의 장을 만들고, 상대의 기분을 컨트롤할 수 있는 것이지요. 이 침묵을 '말의 사이'라고 합니다.

연설로 대중을 선동했던 나치 독일의 아돌프 히틀러(Adolf

Hitler도 연설 전에 긴 침묵을 취했다고 합니다. 히틀러의 연설 영상을 보면 그는 단상에 올라 연설을 시작하기 전까지의 약 30초 동안 침묵합니다. 청중은 히틀러가 단상에 오를 때 큰 환호성을 지르는데 히틀러의 긴 침묵에 이내 조용해지고, '언제 시작할까?' 하며 그의 말을 기다립니다. 곧이어 청중이 고요해지면 히틀러는 서서히 연설을 시작합니다. 청중은 곧 연설에 빠져들지요.

《풍자화전》에는 다음과 같은 기록도 있습니다.

> 짧막한 시간에도 남시男時 와 여시女時 가 있기 마련이다.

'남시'란 상황이 자신에게 유리하게 흘러가는 때를, 반대로 '여시'란 상대에게 유리한 때를 말합니다. 책은 이어서 이렇게 설명합니다.

> 어찌하든 노의 됨됨이가 좋거나 나쁠 때가 반드시 있는 법이다. 이는 인력으로는 어찌할 수 없는 인과의 도리다.

즉 남시와 여시는 피할 수 없으며 인간의 힘으로는 어찌할 수 없다는 말입니다. 이는 노의 '다치아이立合'와 연관된 사고입니다. 당시 노에는 복수의 연기자가 한 무대에서 연기하며 승패를 겨루는 '다치아이'라는 경연이 있었다고 합니다.

당시 예술가에게는 당대 유력가의 후원이 필수였기 때문에 다치아이에서의 평가는 유파의 존망을 결정짓는 중대한 사건이었습니다. 《풍자화전》은 다치아이에서 이기려면 남시와 여시의 흐름을 읽고 연기하는 것이 중요하다고 설명하고 있습니다.

그렇다면 상황이 불리한 여시에서는 어떻게 해야 할까요?

제아미는 노에서 그다지 중요한 장면이 아니라면 굳이 이기려 하지 말고 여유롭게 연기하라고 조언합니다. 그러다가 '바로 여기다!' 하는 곳에서 전력을 다하라고 권하지요.

저는 변호사로서 지금까지 많은 합의와 협상을 해 왔는데, 여기에도 동일한 원리가 적용됩니다. 합의와 협상에서 유리한 상황만 있는 것은 아니기 때문입니다. 하나의 사건에서도 유리한 점과 불리한 점이 공존하지요.

물론 전략을 세워서 언제나 유리한 '남시'에 있도록 애를 쓰지만, 그렇다고 반드시 이기는 것도 아닙니다. 제3자가 끼어들거나, 내 힘으로는 도저히 손을 쓸 수 없는 상황도 생기기 마련이지요. 이럴 땐 제아미의 말처럼 그야말로 '어찌할 수 없는 인과의 도리'가 작용한 듯이 느껴지기도 합니다.

이처럼 흐름을 읽는 일은 합의와 협상을 유리하게 이끌기 위해 중요한 작업입니다.

지금 당장은 불리해지더라도 불리한 상황이 계속해서 지속되리라는 법은 없습니다. 하지만 당황하거나 감정을 격동시키면 시류를 읽지 못하게 되지요.

상대방의 이야기를 주의 깊게 들으면서 인내와 침묵으로 잠잠히 변화에 집중하다 보면, 오래지 않아 기류가 유리하게 흐를 때가 있습니다. 바로 그 '지금이야!' 하는 순간에 자신의 카드를 내미는 것입니다.

오히려 남시일 때도 주의가 필요합니다. 이야기가 유리하게 흘러 자신이 내민 조건이 무엇이든 받아들여지는 듯할지라도 자만해서는 안 됩니다. 남시에 있더라도 불리한 상황을 대비하며 단숨에 해결할 방안을 준비해 두어야만 합니다.

이렇듯 대화는 하고 싶은 이야기만 한다고 다 되는 것이 아닙니다. 항상 남시인지 여시인지를 파악하고 침묵의 효과를 살려 대화하는 것이 중요합니다.

《풍자화전》의 이야기를 조금 더 하자면, '비밀스러워야 피는 꽃'이라는 유명한 말이 있습니다. 이는 예능이나 예술과 같은 전문 영역에는 저마다 비전秘伝으로 불리는 기법들이 있는데, 그 비밀스러움 때문에 커다란 효용이 발생한다는 뜻입니다.

이 기법을 비밀로 하지 않고 "오늘 비밀 병기를 공개하겠습니다" 하고 말한다면 '분명 진기한 뭔가를 보여줄 거야' 하는 기대치가 높아져서 오히려 시시해지고 말지요.

TV를 보거나 공연장에서 웃음이 터지는 포인트도 이와 같습니다. "지금부터 재미있는 이야기를 할게요" 하고 서론을 깐다면 시작하기도 전에 관객들의 기대치가 높아집니다. 이야기를 다 듣고 나서도 관객의 기대치에 미치지 못해 그다지 웃지 않게 되지요. 반면, 미처 생각지 못한 타이밍에 느닷없이 재미있는 이야기를 꺼내면 웃음이 터집니다.

'무슨 말이든 하면 된다'가 아니라는 사실을 반드시 기억하시길 바랍니다.

그 책은

왜 베스트셀러가

됐을까?

2005년에 일본에서 대형 베스트셀러가 된 《대나무 장대 장수는 왜 망하지 않을까?》라는 책이 있습니다. (이 책은 한국에서 《이것은 사업을 위한 최소한의 지식이다》라는 제목으로 출간되었다.—역자주) 내용도 물론 재미있지만, 이 책이 잘 팔린 이유는 제목에 있습니다.

이 책의 제목은 대나무 장대 장수가 망하지 않는다는 것을 전제로 하고 있습니다.(우리나라에서 '찹쌀떡 장수' 하면 떠오르는 소리가 있듯이 일본에도 '대나무 장대 장수' 하면 연상되는 익숙한 소리가 있다. 일본에서는 예로부터 빨래를 말리는 건조대 용도로 대나무 장대를 사용해 왔는데, 수요가 없어 보이는 오늘날에도 대나무 장대와 대체제인 스테인리스 봉을 트럭에 싣고 다니는 판매상을 볼 수 있다.—역자주) 실제로도 그럴까요? 실제로는 대나무 장대 장수일지라도 망하는 사람이 있고, 망하지 않는 사람도 있을 것입니다.

그런데도 이 책은 대나무 장대 장수가 망하지 않는다는 전제를 깔고, '대나무 장대 장수는 왜 망하지 않을까?'라는 의문을 품고 침묵하면서 독자들의 흥미를 유발합니다.

사실 이 책은 제목은 다음과 같았어야 합니다.

《대나무 장대 장수 중에는 망하는 사람도 있고, 망하지 않는 사람도 있다. 그렇다면 망하지 않는 대나무 장대 장수는 왜 망하지 않는 것일까?》

이런 제목이었다면 어땠을까요? 그 내용이 아무리 좋더라도 베스트셀러까지 되기는 힘들지 않았을까요?

이 기술을 심리학에서는 '자이가르닉 효과'라고 부릅니다. 자이가르닉 효과란 '달성한 일보다 달성하지 못했거나 중단된 일을 더 잘 기억하는 현상'을 말합니다.

다시 말해 '대나무 장대 장수는 왜 망하지 않을까?'라는 질문에 독자는 '어? 어째서 망하지 않는 거지?'라는 궁금증이 생기면서 그 책을 읽고 싶어 한다는 것입니다. 답을 알기 위해서 말이지요.

제가 쓴 책 중에도《'나랑 일 중에 뭐가 더 중요해?'라는 질문은 왜 틀렸을까?》라는 제목의 책이 있습니다. 이 또한 자이가르닉 효과를 노린 것이지요. 처음부터 해답을 명확하게 제시하지 않았기 때문에 어떤 독자분께 "책에 답이 제대로 적혀 있지 않네요!"라는 불평을 받은 적이 있습니다.

그분은 해답을 찾기 위해 책 한 권을 읽은 것이지요. 그 정도로 우리는 수수께끼에 대한 해답을 알고 싶어 합니다.

TV 프로그램들도 자이가르닉 효과를 십분 활용합니다. TV 프로그램은 스폰서의 광고비로 제작되기 때문에 시청률을 높여 최대한 많은 사람에게 광고가 노출되어야 합니다. 프로그램 사이사이에 광고를 끼워 넣는 형식은 중단된 프로그램이 다시 시작될 때까지 채널을 돌리지 못하게 하려는 의도가 숨어 있습니다.

그래서 광고가 나오기 직전, 시청자들의 궁금증을 자극하기 위해 "곧이어 정답을 공개합니다!"라든지 "잠시 후 엄청난 비밀이!"와 같은 코멘트를 넣지요. 이러한 자이가르닉 효과에 걸린 시청자는 다음에 전개될 내용이 궁금해져서 결국 채널을 돌리지 않고 광고를 끝까지 보게 됩니다.

드라마는 어떨까요? 대부분의 드라마는 한 회가 끝나기 직전에 새로운 사건이나 이벤트가 벌어집니다. 시청자는 그 사건이 어떻게 전개될지 궁금해하지요. 그래서 다음 회를 손꼽아 기다리는 것입니다.

드라마의 시청률은 자이가르닉 효과, 곧 '다음 회를 얼마나 보고 싶어 하게 만드는가'에 달린 듯합니다.

저는 변호사라는 직업의 특성과 비즈니스 서적을 수십 권 집필한 이력 덕분에 강연이나 세미나 강사로 요청을 받는 일이 종종 있습니다. 강단에 설 때면 청중이나 수강생들에게 질문을 많이 합니다. 질문이 듣는 사람의 주의를 끄는 효과가 있기 때문입니다.

예를 들어 법률 세미나라면 "이 사건에서 피고는 손해 배상 처분을 받았지만, 사실 '이 방법'을 사용했다면 손해 배상 책임을 면할 수도 있었지요. '이 방법'이 무엇인지는 세미나를 통해 알려드리겠습니다"라고 말하는 식입니다.

그러면 청중은 '이 방법'이 어떤 방법인지 궁금해져서 그것이 밝혀질 때까지 제 이야기에 집중합니다. 질문의 해답을 알아내기 위해 말입니다.

대화할 때 상대방의 주의를 끌고 싶다면 질문을 내고 잠시 침묵하십시오. 그러면 상대는 그 질문을 곱씹으며 해답을 알아내기 위해 당신의 이야기에 귀를 기울일 것입니다.

또 잠시 동안 이야기에 집중시키고 싶다면 제가 세미나에서 했던 것처럼 서두에 질문을 하고, 하고 싶은 이야기를 한다음, 질문에 대한 답을 밝히는 흐름을 택하십시오. 그러면 상대는 흥미롭게 들어줄 것입니다.

　지금은 은퇴한 일본의 예능인 시마다 신스케 씨는 입담이 좋기로 유명했습니다. 하지만 그도 처음부터 재미있게 말을 했던 것은 아니지요. 그는 '어떤 비밀'을 알고 나서부터 이야기를 재미있게 하게 되었다고 합니다. 다음에 이어질 주제는 이 '비밀'에 관한 것입니다.

사람은 질문을 받으면
무의식중에 그 답을 알고 싶어 한다.

대화에도 '간격'이 필요한 이유

눈치채신 분도 있겠지요? 바로 앞에서도 '자이가르닉 효과'를 사용했습니다. '그 비밀이 궁금하시다면 다음 주제도 읽어주시길 바랍니다' 하고 독자분들께 제안한 것이지요.

자, 그럼 이어서 이야기를 하겠습니다.

'코미디언' 하면 '말을 재미있게 하는 사람'이라는 인상이 있습니다.

물론 그렇지요. 하지만 이들이 태어났을 때부터 입담을 가지고 있었던 것은 아닙니다. 같은 이야기를 하더라도 더 재미있게 말하는 기술을 쓰는 것이지요.

그 기술은 바로 '간격 두기'입니다. 코미디언의 만담에서 '간격 두기'는 굉장히 중요합니다. 평소에 TV를 보면서 그리 신경 쓰지 못했겠지만, 거기에는 주도면밀하게 준비된 '침묵'과 '간격'이 있습니다.

앞서 이야기한 코미디언인 시마다 신스케 씨의 토크는 무척 재미있어서 인기가 대단했습니다. 그의 특강을 엮은 책인 《자기 프로듀스의 힘》에는 '말과 말의 간격을 배움으로써 웃기는 힘을 터득했다'라는 취지를 담은 이야기가 등장합니다.

그는 갖가지 만담을 연구하면서 탁월하다고 평가받는 사람들에게는 '공백'이 많다는 공통점을 발견했습니다. 평범한 만담이 1분에 10여 차례의 '공백'이 있다면, 탁월한 만담에는 1분에 20회 정도의 '공백'이 있었다는 것입니다.

오늘날의 만담도 유심히 본다면 템포에 따라 만담의 결이 달라진다는 것을 발견할 수 있습니다. '말의 간격을 어떻게 사용하는가'가 만담의 포인트라고 해도 좋을 것입니다.

시마다 신스케 씨도 만담을 하면서 호응이 시원치 않을 때는 '아, 지금 이 호흡이 맞지 않구나'라는 뜻으로 알고 일단 '간격'을 두거나 리듬을 바꿔본다고 합니다. 관객과의 호흡도 '간격'을 통해 조절한다는 의미입니다.

이것은 대화에서도 적용할 수 있습니다. 대화는 자신이 말하거나 상대가 하는 말을 듣는 것의 반복입니다. 말로 하는 캐치볼이지요. 한쪽은 말이 빠른데, 다른 쪽은 말이 느리다면 굉장히 어색한 대화가 펼쳐지는 이유도 그 때문입니다. 소위 '흐름이 좋지 못한 대화'이지요. 그럴 때는 적절하게 '간격'을 두면서 상대와의 대화 리듬을 맞추는 것이 중요합니다.

반대로 상대가 불안해하고 초조해하는 것 같다면 상대방의 대화 흐름이 너무 빠르다는 뜻입니다. 이럴 때는 상대를 가라앉힐 요량으로 일부러 '간격'을 두고 천천히 자신의 흐름에 맞추도록 유도하는 방법도 있습니다.

"지금껏 관객들이 가장 크게 웃어주었을 때는

내가 아무 말도 하지 않고 입을 다물고 있었을 때다."

_ 잭 베니Jack Benny, 미국 코미디언

말하기의
대가에게 배우는
침묵 활용법

"우리는 말하기 전부터 평가를 받기 시작한다."

이 문구는 세계적인 베스트셀러의 저자 데일 카네기[Dale Carnegie]의 《데일 카네기 성공대화론》이라는 책에 있는 말입니다.

명실상부한 말하기의 대가인 카네기의 이 책에는 제목 그대로 말하는 법과 커뮤니케이션에 관해 쓰여 있습니다.

이 책에서 카네기는 "하고자 하는 말 앞뒤로 침묵할 것"을 중요한 포인트로 이야기합니다. 미국 전 대통령 링컨의 연설을 예로 들며 "링컨은 중요한 발언을 하기 전에 잠시 침묵한 뒤 연설해서 대중의 마음을 사로잡았다"라는 점을 역설하지요.

그러고 보면 우리는 상대방이 말을 하는 도중에 갑자기 멈추면 '무슨 일이지?' 하고 궁금해하며, 한층 더 상대에게 주의를 기울입니다.

이어 상대방에게 집중한 결과로 '지금부터 나올 이야기는 진짜 중요한 이야기일 거야' 하고 의식하게 되지요.

따라서 이야기 도중에 상대의 주의를 끌고 싶다면 중요한 말을 하기 전에 침묵함으로써 이목을 집중시키는 것이 효과적입니다.

중요한 포인트가 되는 내용 앞뒤로 침묵하며 말의 거리를 조정하는 기술은 대화에서만 국한되는 것이 아닙니다. 연설이나 세미나에서도 유효하지요.

연설이나 세미나에는 반드시 핵심 포인트, 즉 상대의 기억에 각인되었으면 하는 주요 부분이 있기 마련입니다. 그 포인트를 발설하기 전에 잠시 침묵함으로써 청중이나 수강생들을 화자에게 집중하게 만들 수 있습니다.

세미나 강사 중에는 침묵을 견디지 못하고 "음-" 하고 말을 계속 잇는 사람도 있지요. 그러면 침묵의 극적인 효과가 발휘되지 못합니다. 화자가 의도적으로 말 없이 침묵할 때, 침묵 뒤에 나올 발언에 듣는 사람들의 관심이 집중된다는 것을 기억하십시오.

　또 일상적인 대화에서도 "어-"나 "음-"처럼 의미 없는 말을 하는 것이 버릇이 된 사람도 있는데, 대부분 자기 자신은 알지 못합니다. 그럴 땐 자신이 이러한 말을 계속 내뱉는지 아닌지 주위 사람들에게 물어보십시오. 아니면 평상시에 대화나 발언을 녹음하는 것도 좋습니다. 버릇은 쉽게 고쳐지지 않기 때문에 매일 의식하면서 천천히 고쳐야 합니다.

스티브 잡스가
프레젠테이션에서
침묵한 이유

세계 저명인사들을 필두로 다양한 사람들의 프레젠테이션 영상을 무료로 공개하는 'TED Talks'라는 웹사이트가 있습니다. 프레젠테이션 달인들의 영상이 한데 모여 있어서 엄청난 공부가 되지요.

그중 사회심리학자 에이미 커디^{Amy Cuddy}의 '보디랭귀지가 사람을 만든다'라는 제목의 영상은 가장 많은 조회 수를 기록한 영상 중 하나입니다.

'언어'를 사용하는 프레젠테이션을 모아둔 사이트임에도

불구하고 가장 인기 있는 영상의 주제가 비언어를 뜻하는 '보디랭귀지'인 것은 무척 흥미롭습니다. 그만큼 언어 이외의 커뮤니케이션에 대한 관심이 높다는 뜻일 테지요.

TED Talks에 올라온 영상을 가만히 보고 있으면 본격적인 프레젠테이션을 시작하기 전에 청중에게 '질문'을 하는 사람이 유독 많다는 것을 알게 됩니다.

발표자는 질문을 던지고 잠시 침묵함으로써 청중의 시선을 모읍니다. 그런 다음 초반에 던진 질문에 답을 하는 방식으로 프레젠테이션을 전개하지요.

이 방법은 청중의 이목을 집중시키고, 동시에 앞으로 이어질 강연의 방향을 보여준다는 점에서 굉장히 효과적입니다. TED Talks에 있는 사이먼 사이넥Simon Sinek의 프레젠테이션 서두 부분을 인용하겠습니다.

생각한 대로 일이 잘 풀리지 않을 때, 여러분은 그 일을 어떻게 해석하십니까? 반대로 누군가 엄청난 임무를 완수해 냈을 때, 여러분은 어떤 생각을 하십니까?

예를 들어, 애플은 어떻게 이렇게 성공할 수 있었을까요? 애플은 꾸준히 진화하며 경쟁에서도 남다른 성과를 거둬 왔습니다. 하지만 애플은 많은 컴퓨터 회사 중 하나일 뿐 다른 회사들과 다를 것이 없습니다. 이 말은 곧 뛰어난 인

재나 판매업자, 컨설턴트 그리고 미디어 등에 노출될 기회는 애플이든 다른 회사든 공평하게 주어졌다는 의미입니다. 그렇다면 왜 애플이 타사보다 특출난 것일까요?

어째서 마틴 루터 킹 목사는 인권 운동의 지도자가 될 수 있었을까요? 당시의 정세 탓에 괴로워하던 사람은 그 혼자만이 아니었습니다. 모두의 행동을 결집시키기 위해 마틴 루터 킹 목사만 연설을 한 것도 아니었습니다. 그런데 왜 특정한 사람만이 리더가 되는 것일까요?

이렇게 계속해서 질문을 하면 청중은 그 해답을 알고 싶어 할 뿐만 아니라 다음에 이어질 프레젠테이션에 해답이 공개될 거라는 기대를 하게 됩니다.

이처럼 프레젠테이션 서두에 청중에게 질문을 하고 잠시 침묵하면 듣는 사람의 흥미를 불러일으키는 동시에 이야기를 들을 마음의 준비를 하게 하는 데 유효합니다.

프레젠테이션 초반에 침묵하기 위해 반드시 질문을 해야 하는 것은 아닙니다. 그냥 침묵을 하는 것만으로도 청중의 기대 심리를 높일 수 있지요.

스티브 잡스는 신제품을 공개하는 자리에서 "2년 반 동안 이날이 오기를 기다려 왔습니다" 하고 운을 띄운 후 무려 7초 동안이나 침묵했습니다. 이 긴 침묵 덕분에 청중의 기대감은 순식간에 높아졌지요.

그 후로도 스티브 잡스는 수차례 침묵하며 효과적인 프레젠테이션을 수행했습니다. 한참 발표를 하고 있는데 갑자기 침묵한다면 듣는 사람 입장에서는 불편할지도 모릅니다. 하지만 프레젠테이션 초반에 하는 침묵은 청중의 주의를 끄는 데 효과적인 수단이라는 점을 기억해 두면 좋을 것입니다.

독자분들 중에서도 비즈니스 현장에서 프레젠테이션을 할 기회가 있는 사람이 많으리라고 생각합니다. 보통 프레젠테이션을 할 때는 자신도 모르게 긴장이 되어 말이 빨라지기 쉽지요.

특히 바쁜 상황 가운데서도 소중한 시간을 쪼개어 자신의 프레젠테이션을 듣고 있는 사람들을 생각하면 말이 한층 더 빨라집니다. 그러니 '프레젠테이션 초반에 침묵을 하라니, 당치도 않아' 하고 생각할지도 모르겠습니다.

그러나 프레젠테이션의 최대 목적은 '설득'입니다. 프레젠테이션을 통해 '어떻게 청중을 설득할 것인가'가 프레젠테이션의 목적인 것이지요.

스티브 잡스의 프레젠테이션 현장에 있던 청중도 대부분 공사다망한 사업가들이었습니다. 스티브 잡스는 그들에게 가장 효과적으로 영향력을 발휘하고자 초반 7초간의 침묵을 전략적으로 이용했습니다.

그러므로 여러분도 바쁜 청중 앞이라도 용기를 내어 서두에 침묵을 해 보면 어떨까요?

이야기를 끝마치기 전에 침묵하면
청중의 기대감과
설득력이 높아진다.

오바마 대통령과
마틴 루터 킹 목사는
침묵의 달인이었다

마틴 루터 킹^{Martin Luther King, Jr.} 목사는 미국 참정권 운동의 대표적인 인물입니다. 1963년, 워싱턴에 있는 링컨 기념관에서 행해진 "I have a dream(나에게는 꿈이 있습니다.)"으로 시작되는 연설로 유명하지요.

세계적으로 널리 알려진 이 연설은 "I have a dream"이라고 말한 뒤에 몇 초간 침묵했다는 점이 특징입니다.

만약 "I have a dream"이라고 말한 뒤에 곧바로 연설을 이어갔다면 이 정도로 유명해지지 않았을 수도 있습니다.

핵심이 되는 말을 반복하고 직후에 침묵함으로써 사람들의 머릿속에 문장이 각인될 수 있었다고 생각합니다. 중심이 되는 문장을 외친 직후 침묵을 하면, 침묵하는 동안 청중은 그 중심 문장을 머릿속에 곱씹게 됩니다. 반면, 침묵 없이 다음 이야기로 바로 넘어가 버리면 중심 문장의 인상이 감쪽같이 사라지고 말지요.

미국의 버락 오바마Barack Obama 전 대통령도 같은 기법을 사용했습니다. 오바마 전 대통령은 대통령 선거 승리 연설에서 "Yes, we can!(우리는 할 수 있습니다!)"이라고 반복해서 말한 뒤에 침묵함으로써 청중에게 이 문장을 각인시켜 쉽게 기억하도록 했습니다.

"Yes, we can!"이 얼마나 임팩트가 있었는지는 한 예능인이 오바마 전 대통령의 성대모사를 할 때 이 문장을 사용한 것만 봐도 알 수 있지요.

또 오바마 전 대통령은 연설 중간에 객석에서 박수가 터져 나오면 박수 소리가 그칠 때까지 침묵하며 기다렸습니다. 이로써 청중이 연설 내용을 머릿속에 정리하고, 기억에 남을 수 있도록 한 것입니다.

위와 같은 예들은 효과적인 연설을 위한 기술입니다. 우선 핵심이 되는 메시지를 짧은 말로 표현합니다. 그리고 그 메시지를 연설 중간중간 반복하고, 메시지를 말한 뒤에는 의식적으로 침묵합니다. 그러면 청중에게 메시지를 분명하게 전달할 수 있습니다.

대화에서도 마찬가지입니다. 상대에게 전하고 싶은 이야기, 각인시키고 싶은 내용, 기억했으면 하는 점을 강렬하고 짧은 메시지로 만들어 대화하는 중간중간 반복하고, 말한 직후에 침묵하십시오. 그러면 메시지가 상대의 머릿속에 깊이 새겨질 것입니다.

침묵으로 웃음 짓게 하는 사람들

말 한마디 없이도 사람을 웃게 할 수 있을까요?

가능합니다. '희극왕'으로 불린 찰리 채플린이 그 전형적인 예이지요.

1920년대 전반, 꼭대기가 둥글고 높은 중산모에 지팡이를 들고 펑퍼짐한 바지를 입은 채 펭귄 걸음을 걷는 스타일로 수많은 무성 영화를 제작한 찰리 채플린을 모르는 사람은 아마 없을 것입니다. 그는 대사 한마디 없이 몸짓 표현만으로 전 세계의 사람들을 웃겼지요.

찰리 채플린은 '언어가 없는 팬터마임이야말로 세계 공통어'라고 말했다고 합니다. 즉 침묵하고서도 커뮤니케이션을 할 수 있다는 말입니다.

실제로 찰리 채플린의 영화를 보면 등장인물이 무슨 생각을 하고 어떤 감정을 느끼는지 잘 알 수 있습니다. 그렇게 알게 된 생각과 감정을 바탕으로 찰리 채플린은 생각지도 못한 행동을 해서 사람들을 웃게 만드는 것입니다.

이를 말로 설명하려고 하면 오히려 말 때문에 그 의미가 제한됩니다. 무성 영화는 말을 사용하지 않고 등장인물의 사고나 감정을 관객들의 상상에 맡김으로써 말을 사용하는 것이상의 창의성을 보여줍니다.

'무성 코미디' 하면 〈미스터 빈〉을 떠올리는 분도 많을 것입니다. 영국의 한 민간 방송국에서 1990년부터 1995년까지 방송한 코미디 TV 시리즈이지요. 〈미스터 빈〉은 대화는 거의 없고 주인공인 로완 앳킨슨Rowan Atkinson의 표정이나 동작만으로 웃음을 불러일으킵니다.

이 책을 집필하면서 〈미스터 빈〉을 다시 보았는데, 이 시리즈가 재미있는 이유는 '빈의 예상 밖의 행동과 표정' 때문이라는 사실을 발견했습니다. 찰리 채플린의 영화와 마찬가지로 행동과 표정만으로 무슨 일이 일어나고 있는지, 등장인물이 지금 어떤 감정인지 쉽게 알 수 있습니다.

코미디 장르뿐만 아니라 영화에서도 대사 없이 침묵만으로 관객들의 상상을 자극하는 기법이 사용됩니다.

구로사와 아키라 감독의 대표작 〈7인의 사무라이〉(1954)에서도 그 기법이 사용되었습니다.

7인의 사무라이를 통솔하는 시마다 간베에는 초로의 사무라이입니다. 시마다 간베에는 도적떼의 습격으로부터 마을을 지키기 위해 함께 싸워줄 무사를 찾습니다. 그러다 우연히 자신의 부하였던 시치로지를 만나지만, 시치로지는 행상을 하는 장사꾼이 되어 있었습니다. 시마다 간베에가 "이제 싸움은 싫은가?" 하고 묻자 시치로지는 대답 대신 쓴웃음을 짓습니다.

시마다 간베에는 시치로지를 설득하며 "돈, 출세 뭐 하나 얻을 것 없는 어려운 싸움일세. 함께할 텐가?" 하고 묻습니다. 그러자 시치로지는 즉시 "따르겠습니다" 하고 대답합니다.

거기서 시마다 간베에는 재차 확인합니다. "이번에는 정말 죽을 수도 있다." 이 말에 시치로지는 아무 말 없이 회심의 미소를 짓습니다. 바로 이 '미소'가 침묵으로 대신한 승낙을 나타냅니다.

이 장면에서 "죽더라도 당신을 따라가겠습니다!"라는 대사를 사용할 수도 있었습니다. 하지만 그럼에도 따르겠다는 뜻을 침묵으로 대신함으로써 말로는 표현할 수 없는 시마다 간베에에 대한 시치로지의 충성과 전투를 대하는 마음가짐 등 다양한 면면을 관객들이 스스로 상상하게 만드는 효과를 냈습니다. 침묵이 대사 이상의 커뮤니케이션을 실현시킨 것입니다.

우리는 너무도 당연하게 커뮤니케이션은 말로 하는 것이라고 생각합니다. 그러나 시치로지처럼 침묵함으로써 말 이상의 의미를 상대에게 전달할 수도 있습니다.

사랑을 하는 젊은 남녀는 아무런 말 없이 몇 시간이고 서로를 바라만 보고 있기도 합니다. 이 침묵의 시간 동안 사랑한다는 말보다 몇 배나 크고 깊은 감정을 교류하고 있는 것은 아닐까요?

침묵의 시간이

길어질수록

나타나는 효과

일본의 방송인 미노 몬타 씨는 '말을 참 잘하는 사람'이라는 이미지가 있습니다. 미노 몬타 씨가 방송에서 소개하는 물건은 없어서 못 판다는 전설도 있을 정도이지요.

미노 몬타 씨가 이렇게 신뢰감을 주고 설득력 있는 말솜씨를 구사하게 된 데는 의외의 이유가 있기 때문인데, 바로 말과 말의 '간격'입니다.

예전에 일본에서 방영된 〈퀴즈 $ 밀리어네어〉라는 퀴즈 버라이어티 프로그램이 있었습니다. 미노 몬타 씨가 사회를 보았는데 1억 원의 상금을 걸고 퀴즈의 정답을 맞추는 굉장히 인기 있는 프로그램이었습니다.

〈퀴즈 $ 밀리어네어〉는 도전자가 문제를 풀고 답을 선택하면 미나 몬타 씨가 "파이널 앤서Final answer"라는 말을 하고 긴 시간 침묵한 다음에 정답을 외치던 연출이 생각납니다.

그 당시 보통의 퀴즈 프로그램에서는 도전자가 문제를 풀면 곧바로 정답을 확인하는 것에 반해 〈퀴즈 $ 밀리어네어〉에서는 가끔은 10초 가까이 침묵이 이어지다가 "정답!" 혹은 "아깝습니다!" 하는 말과 함께 정답이 공개됐지요.

본래 침묵을 멀리해야 마땅한 TV 프로그램으로서는 파격적인 연출이었지만, 미나 몬타 씨의 침묵이 길어질수록 긴장감이 고조되어 정답을 외치는 순간의 폭발력이 터져 나왔습니다. 좋은 전략이었지요.

이렇듯 상대가 무척 궁금해하는 정답을 공개하기 전에 침묵하면 긴장감이 생겨 정답을 외칠 때 더욱 극적인 효과가 있습니다.

프러포즈 장면을 상상해 볼까요? 남성이 "결혼해 주세요"라고 말했을 때, 여성이 곧바로 "좋아요" 하고 대답하는 경우와 남성의 고백을 듣고 여성이 10초간 침묵한 뒤 마침내 대답하는 경우를 생각해 보십시오. 여성의 대답을 기다리는 남성의 심경이 어떨지 충분히 짐작되시겠지요.

우리는 대화에서 침묵은 되도록 피해야 한다는 선입견이 있습니다. 그 때문에 침묵의 조짐이 보이면 불안해하며 일부러 의미 없는 말을 내뱉기도 하지요.

〈퀴즈 $ 밀리어네어〉에서처럼 중요한 발언을 하기 전에 침묵하면 긴장감을 높일 수 있습니다. 그리고 침묵하는 시간이 길면 길수록 그 효과가 높아지는 듯합니다.

상대방의
박자를
읽어라

미야모토 무사시는 일본 에도시대 초기의 검술가로, 두 자루의 칼을 사용하는 니텐이치류 검법의 시조입니다. 평생 60여 차례의 진검승부를 겨루었는데 모두 승리를 거둔 전설의 검술가이기도 하지요.

미야모토 무사시는 검술의 비법을 《오륜서》에 기록해 두었습니다. 《오륜서》에는 '박자'에 관한 기술이 수차례 등장합니다.

여기서 박자란 리듬, 간격 두기, 타이밍을 말합니다.

《오륜서》에 다음과 같은 내용이 있습니다.

> 병법의 박자에도 여러 가지가 있다. 우선 호흡이 맞는 박
> 자와 그렇지 못한 박자를 구분하고, 크고 작거나 느리고
> 빠른 박자 중에서 맞는 박자를 알며, 사이사이의 박자를
> 알아내고, 엇박자까지도 파악해 상대를 무너뜨리는 것이
> 병법의 길이다. 특히 상대를 무너뜨리는 엇박자를 터득하
> 지 못하면 병법을 완전히 몸에 익히기 어렵다.
> 전투에 있어서 적의 박자를 살핀 후 상대가 예상하지 못
> 한 박자로 치고, 전략으로써 보이지 않는 박자를 발휘해
> 야 비로소 승리를 얻어내는 것이다.

병법에는 박자라는 것이 있는데, 여기에도 맞는 박자와 맞
지 않는 박자가 있으므로 박자의 '합^合'과 '불합^{不合}'을 알고 '상
대가 예측하지 못하는 박자에서 공격해 승리를 거머쥐라'라
는 뜻으로 말한 것입니다. 상대의 박자에 맞췄다가는 상대가
공격하기 쉬워져서 지고 말기 때문에 상대의 박자에서 벗어
나는 것이 중요하다는 말입니다.

검술에서는 박자를 알고 박자를 자유자재로 다루는 기술
이 더없이 중요합니다.

미야모토 무사시는 이 '박자'를 능숙하게 다루면서 무패 행

진을 이어갔습니다. 에도 시대 초기에 활약한 검술가로 알려진 사사키 고지로와의 간류지마에서의 결투 당시, 미야모토 무사시는 굉장히 늦게 나타났다고 전해집니다. 이 또한 사사키 고지로가 사기에 충천해 있을 약속 시간을 피해 기운의 박자가 느슨해진 타이밍을 노린 것이지요. 이러한 지점에서도 미야모토 무사시가 '박자'를 얼마나 중요하게 생각했는지 엿볼 수 있습니다.

또 일본 도쿠가와 가문의 무술 지도를 담당했던 야규 다지마노카미의 《병법가전서》에도 비슷한 내용이 기록되어 있습니다.

"적이 큰 박자를 이루어 검을 사용해 올 때에는 작은 박자로 대항하고, 적이 작은 박자로 검을 휘두를 때에는 큰 박자로 대항하라"라고 권합니다.

요약하면 '상대의 박자에 맞추지 말아라'라는 말이지요. 상대의 박자에서 얼마나 벗어나느냐가 검술의 핵심이라고 말할 수 있습니다.

스포츠에도 페인트 모션feint motion이라는 말이 있습니다. 이는 상대편을 속이기 위한 동작을 뜻하지요. '승부란, 상대와의 호흡 조절에 있다'라고 할 수 있습니다.

그런가 하면 《손자병법》에도 '병법은 속이는 것이다'라는 말이 있습니다. 이는 '능력이 있어도 없는 듯하고, 필요하더라도 필요치 않는 듯해야 한다. 또 실제로는 가까이 있지만, 멀리 있는 척하고, 멀리 있지만 가까이 있는 척해야 한다. 적이 이익을 노린다면 이익을 미끼로 적을 유혹하고, 적이 혼란스러워 하면 그 틈을 타 적을 탈취하며, 적의 기세가 등등할 때는 공격하기보다 방어 태세를 견고히 한다. 적의 전력이 강대하다면 싸움을 피하고, 적이 분노하여 흥분할 때는 일부러 도발하여 더욱 화를 돋워 소란하게 하며, 적이 겸허할 때는 고의로 얕보여서 오만방자해지도록 하고, 적이 충분히 휴식을 취했다면 피로하게 하며, 적들이 서로 친밀하다면 사이를 갈라놓는다'와 같은 의미로 해석됩니다.

즉, '자신의 패를 들키지 않도록 하고, 상대의 패는 모조리 정복해야 한다'라는 뜻입니다.

우선 진검승부나 전쟁과 같이 상대와 이해가 대립하는 교섭에서는 《오륜서》나 《병법가전서》 또는 《손자병법》처럼 '상대의 패를 알고 그 패를 정복하여 상대가 생각지도 못할 전술로 교섭을 유리하게 끌고 간다'라고 정리할 수 있겠습니다.

거듭 말하자면 '자신의 정보는 되도록 드러내지 않고 자신의 패가 읽히지 않도록 해야 한다'라는 것입니다.

하지만 반대로 상대와 우호적인 관계를 맺고 싶다면 어떻게 해야 할까요? 그럴 때는 반대의 방법을 취합니다.

자신의 패를 상대에게 보이고 상대의 패를 알며 대화는 될 수 있는 대로 맞추어야 합니다. 상대의 말하는 속도, 이야기의 호흡 등을 맞추는 것입니다. 그리고 상대가 흥미로워하는 일에 관심을 보이고 공감합니다. 이때 행동까지 곁들이면 더욱 좋습니다. 그러면 둘 사이는 점점 가까워지고 우호적인 분위기가 형성되겠지요.

상대방과의 간격을 어떻게 두느냐가
승부의 열쇠다.

여백을 읽어내는 힘,
여백이 자아내는 힘

뛰어난 카운슬러는 고객의 말이 아닌 침묵에 주목합니다.

예를 들어 "괜찮으세요?"라고 묻는 카운슬러의 질문에 고객이 "괜찮아요" 하고 대답했다고 해 봅시다. 말에만 집중한다면 괜찮은 것이겠지요.

하지만 "괜찮아요, 괜찮아요"라고 짧게 반복했다거나 괜찮다고 말하기 전이나 후에 침묵했다면 클라이언트의 심정이 말과 동일하지 않다는 것을 알 수 있습니다. 또 "괜찮은 것 같아요"처럼 자신의 감정임에도 불확실하게 말하는 경우에도 불안 요소가 내재되어 있다는 것을 알 수 있습니다.

또 상대의 말보다 침묵에 담긴 의도를 추측하기도 합니다. 이렇듯 침묵이나 말의 간격에 담긴 의미를 찾아내는 것은 우리 동양인에게 내재된 감성이라고 생각합니다.

예술에서는 '여백'에도 의미가 있습니다. 가장 알기 쉬운 예로 '수묵화'를 들 수 있습니다. 먹으로만 그려진 수묵화는 주로 선의 굵기나 먹의 농도로 모든 것을 표현합니다. 비어 있다고 해서 그 공간을 무의미하다고 보지 않지요. 수묵화에서 여백은 분명한 의도가 담긴 공간이며, 없어서는 안 될 요소입니다.

서양은 여백의 개념을 동양만큼 이해하지 못하는 듯합니다. 기본적으로 서양화는 면을 전부 색으로 덮지요.

'여백의 미', '여운의 미'는 '없음無' 그 자체로 무언가를 말하고 있습니다. 이러한 '무無', '사이間'와 같은 감성이 오늘날에는 추상화와 함께 널리 알려져 있습니다.

'백지도 문양이다'라는 말은 동양적 사고에서 기인한 표현입니다. 동양인에게는 말하지 않은 의도를 읽어내는 능력과 전달하는 능력, 둘 다 이해하는 감성이 있습니다. 이러한 문화 속에서 살아온 우리는 침묵을 두려워할 필요가 없습니다.

Part 2

파워
사일런스-2

상대에게 휘둘리지 않는

침묵의 힘

'지나치게
많은 말'에
주의하라

저의 직업은 변호사입니다.

여러분은 변호사라는 직업에 대해 어떤 인상을 가지고 계신가요?

변호사라고 하면 법정에서 유창하게 발언하거나 청산유수처럼 막힘 없는 말재주로 상대를 설득하는 사람이라는 이미지를 떠올리시는 분들도 적지 않은 듯합니다.

하지만 실상은 다릅니다. 물론 말하기를 좋아하는 변호사도 있지만, 유능한 변호사라고 해서 꼭 말을 잘하는 것도 아닙니다. 그중에는 무척 과묵한데도 협상에 강하고 상대를 설득하는 능력이 뛰어난 변호사도 있지요.

요점은 실수를 범하지 않아야 한다는 점입니다. 실수하지 않으려면 말을 지나치게 많이 하지 말아야 합니다.

회사원 A 씨는 일요일에 출근하여 업무를 정리해야 하는 상황에 놓였습니다. 하지만 일요일에는 가족끼리 공원에 놀러가기로 약속한 상태였지요. 더구나 일요일 업무는 반드시 A 씨가 해야 하는 것이 아니었기에 그는 동료인 B 씨에게 부탁하기로 했습니다.

A : B 씨, 이번 주 일요일에 출근해야 할 일이 생겼는데 미안하지만 대신 나와줄 수 있을까요?

B : 무슨 일 있으세요?

A : 사실 일요일에 가족끼리 공원에 가기로 했거든요. 다음에 꼭 신세 갚을게요. 부탁해요.

B : 저도 일요일에 약속이 있어요.

A : 지난번엔 제가 도와드렸잖아요. 이번 한 번만 안 될까요? 그리 어려운 일은 아니니 일 처리가 빠른 B 씨라면 3시간 안에 끝낼 수 있을 거예요.

B : 그렇군요. 어쩌죠.

A : 부탁 좀 할게요. 이번에 약속을 지키지 못하면 가족들

에게 신뢰를 잃을지도 몰라요. B 씨는 아직 가족이 없으니까 하루 정도는 괜찮잖아요.

B : 그게 무슨 말씀이세요? 제가 결혼을 안 했으니 한가할 거라는 말씀이신가요? 너무하시네요. 부탁은 못 들은 걸로 할게요. A 씨야말로 가족들의 신뢰 정도야 잃으시면 되겠네요!

A 씨는 B 씨를 설득하기 위해 여러 가지 이유를 댔습니다. 이유를 붙일수록 승낙할 가능성이 높다고 생각했을 테지요.

하지만 결과는 어땠나요? 불필요한 말로 B 씨의 자존심에 상처를 입히는 바람에 설득은커녕 화가 나게 하고 말았습니다. 그 발언을 하지 않았더라면 B 씨는 휴일 출근을 대신해 줄 수도 있었겠지요.

이처럼 대화에서 지나치게 말을 많이 하면 불필요한 말을 내뱉을 가능성이 커집니다.

필요한 말을 한 다음 조용히 침묵하면, 상대의 머리와 마음에 이야기한 내용이 서서히 스며들어 수월하게 설득할 수 있습니다.

침묵하면
상대는
스스로 무너진다

'켕기는 일이 있는 사람은 말이 많아진다'라고 합니다. 변명을 하느라 그렇겠지요.

변명은 쌓이면 쌓일수록 모순이 발생하는데 그 모순을 덮기 위해 또 다른 변명을 만들어내다가는 결국 들통이 나고 맙니다.

이 책에서는 대화 중 침묵의 유효성을 다루고 있습니다. 그렇지만 '상대로부터 반드시 승낙을 이끌어내야 하는 협상의 상황에서는 침묵해서는 안 되는 게 아닐까?' 하는 궁금증이 생길 것입니다.

또 '상대에게 Yes라는 대답을 들으려면 많은 말로 담판을 지어 설득해야 하지 않을까?' 하는 의심이 들지도 모릅니다.

하지만 침묵은 실제 협상에서 효과적으로 기능합니다.

한창 교섭을 진행하고 있는데 상대 측에서 아무런 말 없이 침묵하고 있다면 기분이 어떨까요?

아마도 '납득이 안 되는 걸까?', '기분이 언짢을 법한 이야기를 했나?' 하고 불안해지겠지요. 결국 우리는 침묵을 견디지 못하고 끊임없이 말을 이어가는 결과를 초래합니다.

무엇보다 그럴 때 나오는 말은 불안을 해소하기 위해 내뱉는 말이기 때문에 상대의 불편한 심기를 누그러뜨릴 수 있는 정보, 즉 상대를 유리하게 만드는 중요한 정보를 발설하는 실수를 범하고 맙니다.

만약 일과를 마치고 집에 들어오면서 "다녀왔어요" 하고 인사했는데 배우자가 아무런 반응도 없이 입을 꾹 다물고 있다면 어떻겠습니까?

기운 없이 풀이 죽어 있는 모습이라면 달래겠지만 화가 난 기미가 보인다면 어떨까요? '내가 뭘 잘못했나?' 하는 생각에 불안해져서 비위를 맞추려고 하지 않을까요? 무언가 켕기는 일이 있는 사람이라면 '설마 들켜버린 걸까?' 하고 불안해할 수도 있겠지요.

그래서 어딘가 놀러가자고 한다든지, 선물을 사주겠다고 한다든지 하는 일이 벌어질 수도 있습니다.

다음의 대화를 살펴봅시다.

남편 : 다녀왔어.

아내 : ….

남편 : 무슨 일 있어?

아내 : 오늘 빨리 들어오기로 한 날 아니었어?

남편 : 갑자기 부장님이 오라고 하셔서, 안 갈 수가 없었어. 거래처에서 나온 분들도 있어서 연락도 못했네. 빨리 오려고 했는데 여기저기 불려 다니느라 틈이 없었어.

아내 : ….

남편 : 진짜야, 믿어 줘.

아내 : ….

남편 : 나도 거절하고 싶었지만 부장님 부탁인데 어쩔 수 없잖아.

아내 : 어쩐지 수상해.

남편 : 진짜라니까. 대신 다음에 맛있는 거 먹으러 가자.

비즈니스 협상의 상황에서도 동일합니다. 침묵은 상대를 불안하게 만드는 효과가 있습니다.

영업 사원 : 어떠세요?

고객 : ….

영업 사원 : 더 궁금하신 사항이라도 있으신지요?

고객 : ….

영업 사원 : 가격 때문이라면 조금 조절을 해 드릴 수 있습니다.

고객 : 어떻게요?

영업 사원 : 그게요, 음…. 이 정도 가격이면 괜찮으실까요?

고객 : ….

영업 사원 : 어려우세요? 이 이상은 회사에 들어가서 상의를 해 봐야 할 것 같습니다.

이와 같이 침묵을 하면 상대는 불안해합니다. 그리고 상대에게 '마음에 들지 않는 부분이 있구나' 하는 판단이 서고, 그 점을 개선하고자 이야기를 덧붙이는 경우가 있습니다. 침묵 자체가 협상 기술의 하나로 작용하는 것이지요.

'상대가 침묵하면 우리는 자발적으로 우리에게 불리한 이야기를 내뱉기 쉽다'라고 한다면, 역으로 침묵을 전략적으로 이용하여 상대로부터 유리한 정보나 도움을 얻어낼 수 있다는 말이 됩니다.

물론 하염없이 침묵만 해서는 자신의 의도가 상대에게 전달되지 않아 상대를 설득할 수도 없으니 자신의 주장과 논거에 대해서는 명확하게 드러내야 하지요.

이처럼 협상 중에 침묵을 적절하게 활용하면 상대의 불안을 증폭시켜 상대로부터 의미 있는 정보나 이득을 취할 수 있습니다.

상대가 침묵하면 불안해져서
자신에게 불리한 점을 말하기 쉽다.

화를 다스리는
가장 효과적인
방법

화가 울컥 치밀 때는 말을 꺼내기 전에 심호흡하고 마음을 가다듬으면 불필요한 말을 할 가능성이 적어집니다.

한편 정치인들의 실언이 TV를 도배하는 일이 심심치 않게 일어납니다. 도가 지나친 망언에 "어떻게 저런 말을 할 수가 있지?" 하며 기막혀 하기도 하지요.

정치인의 발언은 말을 내뱉은 후 '진심이 아니었다'라는 말로 끝낼 수 있는 정도의 문제가 아닙니다. 입 밖으로 말을 내뱉기 전에 딱 몇 초만 침묵한다면 실언을 상당수 줄이지 않을까 싶습니다.

침묵은 대화 상대에게 영향력을 행사하기 위해서만 사용하는 것은 아닙니다. 자기 자신의 감정을 컨트롤할 때에도 침묵은 매우 효과적으로 기능합니다.

분노는 때때로 인간관계를 파괴하기도 합니다. 틀림없이 양쪽 모두 마음이 상합니다. 또 화가 나서 괜한 말을 한 탓에 나중에 후회하기도 하고, 협상 자리라면 냉철한 판단력을 잃어 불리한 결과를 초래하기도 합니다.

그러므로 대화할 때는 자신의 감정을 잘 조절해야 한다는 데에 이견이 없을 것입니다.

만약 대화를 하다가 화가 치밀어 오른다면 말을 잠시 멈추고 그 감정을 해소하십시오.

아들러 심리학에서는 '분노하는 감정은 어떤 목적을 달성하기 위해 생기는 감정'으로 해석합니다. 《미움받을 용기》라는 책에 다음과 같은 내용이 있습니다.

주인공인 청년이 카페에서 책을 읽고 있는데 지나가던 종업원이 청년의 상의에 커피를 쏟고 말았습니다. 그때 청년은 발끈해서 크게 소리를 질렀습니다. 이 청년은 의도적으로 소리를 친 것이 아니라 자신도 모르게 튀어나온 반응이라고 설명했지요.

하지만 아들러 심리학에서는 이것이 분에 겨워 자신도 모르게 큰소리를 친 것이 아니라 '큰소리를 치기 위해 화를 낸 것'으로 해석합니다. 큰소리를 내어 종업원에게 굴욕을 주고 자신의 이야기를 듣게 하려는 목적으로 분노의 감정을 만들어냈다는 뜻입니다.

그리고 다음과 같은 일화를 예로 듭니다. 엄마와 딸이 큰소리를 내며 싸우고 있는데 갑자기 전화벨이 울렸습니다. 엄마가 전화를 받았는데, 딸의 담임선생님이었습니다. 엄마는 순간 침착하게 목소리를 가다듬고 5분 정도 통화를 하고는 수화기를 내려놓자마자 다시 딸과 싸움을 재개했다고 합니다.

우리에게도 비슷한 경험이 있을 것입니다.

상대에게 분노의 감정을 터뜨릴 것 같다면 '지금 내 목적을 달성하기 위해 화를 내는 것이 바람직한가?' 하고 곱씹어볼 필요가 있습니다. 그 방편으로 침묵을 사용하는 것입니다.

만일 상대로부터 기분 나쁜 말을 듣고 화가 끓어올랐다고 해 봅시다. 그렇다고 하더라도 그 즉시 상대에게 버럭 화를 내서는 안 됩니다. 아주 잠깐이라도 좋으니 침묵하십시오.

그리고 자신의 감정에 집중합니다. '아, 내가 지금 화를 내고 있구나' 하고 자각하는 일부터 시작하는 것입니다. 때로는 화가 난 감정을 알아차리는 것만으로도 화를 가라앉히는 효과적인 방법이 됩니다.

그리고 화가 났다는 사실을 깨달았다면 먼저 자기 자신에게 이렇게 묻습니다.

- 이 일로 화를 내는 것이 정당한가?
- 나의 정체성에 걸맞은 행동인가?
- 상대방과의 관계를 유지하는 것보다 화를 내는 것이 중요한가?
- 나는 화를 내면서 무엇을 얻고자 하는가? 그 목적을 이루는 데 화가 과연 가장 효과적인가? 더 효과적인 방법은 없을까?

스스로에게 이 질문을 하고, 전부 답을 내릴 때쯤이면 화가 누그러져 있을 것입니다. 왜냐하면 대부분의 경우 목적을 달성하는 데 분노보다 더 효과적인 방법이 있기 때문입니다.

침묵은 꼭 상대방에게만 행사하는 것이 아닙니다. 자신의 감정을 컨트롤하기 위해서도 능숙하게 사용합시다.

화가 난다면 열을 세십시오.

더욱 화가 치밀어 오른다면 백을 세십시오.

그래도 화가 가라앉지 않을 때는 천을 세십시오.

_ **토머스 제퍼슨**Tomas Jefferson

'말하지 않는 영업'으로
실적 1위를
달성하다

《마음을 흔드는 영업의 법칙》이라는 책의 저자이자 사일런트 세일즈 트레이너로 활약하고 있는 와타세 켄 씨는 '말하지 않는 영업'을 추구합니다.

와타세 씨는 유소년기 때부터 말주변이 없고 낯가림도 심한데다 대인기피증으로 사람들을 사귀는 데 어려움이 많았습니다. 그러나 성인이 되어 리쿠르트에 입사하여 10개월 만에 전국 영업 실적 1위를 차지했지요.

와타세 씨는 실적이 부진한 세일즈맨은 '말하기'와 '판매'

를 같은 뜻으로 이해하고 있는 경우가 많다고 말합니다.

'말을 매끄럽게 잘하면 팔릴 텐데, 나는 말솜씨가 좋지 못해서 실적이 없어' 하고 여긴다는 것입니다. 그러다 보니 단순하게 말하기 연습에만 매진하기 쉽습니다.

와타세 씨도 다른 사람들보다 곱절은 말주변이 없었으니 처음에는 다른 사람들처럼 말하기 연습에 시간을 할애했습니다. 그렇지만 아무리 연습하고 단련해도 전혀 달라지지 않는 하루하루가 반복됐습니다.

'역시 나 같은 사람이 영업을 하는 건 무리야. 그만두는 것이 맞아' 하고 괴로워하던 와타세 씨를 팀장이 불렀습니다.

그 팀장은 부서 내에서도 유달리 밝고 기운이 넘치는 사람인 데다가 전국에서 손꼽히는 세일즈맨이었습니다.

와타세 씨는 '저 사람이랑 나는 정말 다른 사람이야. 저 사람의 세일즈 현장은 보나 마나 나한테 도움이 안 될 거야' 하고 속으로 생각했지만, 애써 불러주었으니 팀장을 따라가 보기로 했지요.

그런데 의외의 광경이 펼쳐졌습니다. 팀장은 고객 앞에서 별다른 말을 하지 않았습니다. 분위기를 띄우려고 하지도 않았고, 담담하게 상대방의 이야기를 듣기만 했습니다. 평상시의 모습과는 다른 모습이었습니다. 더욱이 신기했던 건, 그런 영업 스타일로 상품이 많이 팔렸다는 것입니다.

와타세 씨는 깜짝 놀라 돌아오는 길에 팀장에게 물었습니다.

"그다지 말을 많이 하지 않아도 팔 수 있네요?"

팀장은 "무슨 질문이 그래? 영업은 말을 많이 하지 않아야 통하는 일이야. 그런 의미에서 자네는 영업이 천직일 것 같은데?"라고 말했습니다. 이 한마디는 와타세 씨의 운명을 바꿔놓았지요.

영업 사원은 끊임없는 설득으로 고객의 구매를 이끌어내야 한다고 생각하는 사람이 많습니다.

실제로 영업 회사 내부에서도 상품을 팔기 위한 토크 스크립트를 제공하여 막힘없이 이야기할 수 있도록 돕습니다. 침묵하는 시간을 최대한 줄이기 위해서지요.

영업하는 사람은 대화에 공백이 생기는 것을 고객이 거절할 기회를 주는 것으로 여기는 듯합니다. 이는 고객의 거절을 전제로 한 생각입니다. 그렇기 때문에 말을 해서 거절할 타이밍을 없애는 것에 중점을 두는 것이지요.

하지만 이러한 사고는 파는 쪽의 논리일 뿐 사는 쪽의 입장은 고려하지 않은 생각입니다.

저는 사무실로 걸려오는 전화는 이제 받지 않습니다. 시간이 아깝기 때문이지요. 그러나 저도 예전에는 사무실로 들어오는 영업 전화에 무척 시달렸습니다.

전화를 받자마자 수화기 너머에서 쉬지 않고 들려오는 목소리를 듣고 있으면 굉장히 불쾌합니다. 영업을 당하는 쪽 입장에서는 상대방이 쉴 새 없이 떠들기만 할 뿐 말할 기회를 주지 않으니 '나에 대해서 뭘 알고 저러는 걸까?' 하는 생각이 스며듭니다. 내 흥미나 의향은 들으려 하지도 않고 상품의 장점만 늘어놓는 영업 사원에게 물건을 사고 싶은 마음이 들 리가 만무하지요.

게다가 '나에 대해 잘 알지도 못하면서 어떻게 나에게 딱 맞는 상품이나 서비스를 제공한다는 거지?' 하는 의문이 들기도 합니다.

대부분의 전화 영업은 말을 하다가 공백이 생기면 거절을 당하거나 전화를 끊어 버릴지도 모른다는 불안감 때문인지 말의 공백이 생기지 않도록 멈추지 않고 말을 합니다. 하지만 그럴수록 고객의 마음은 상품과 서비스에서 멀어지지요.

그래도 여전히 '침묵이 생기면 상대가 거절 의사를 표할 것'이라고 여기는 사람이 많을지도 모릅니다. 하지만 대화에 침묵(공백)이 없다면 사겠다는 의사 표시조차 하지 못합니다.

고객은 상품이나 서비스의 장단점을 듣고 자신의 상황에 맞추어 본 후, 살지 말지를 머릿속으로 정리하고 생각해 보아야 합니다. 고민할 시간이 필요한 것입니다. 영업할 때 상품에 대한 설명을 어느 정도 했다면 구매 여부를 질문하고 잠시 동안 침묵함으로써 고객이 머릿속을 정리할 시간을 주어야 합니다.

저는 변호사로서 내담자의 이야기를 듣고 구체적인 조언을 한 다음, "저희가 담당하는 것도 가능합니다"라고 제안합니다. 그리고 승낙을 받기 위해 계속 말을 잇지는 않습니다.

내담자는 자신의 형편과 비용 등 여러 면을 가늠하고 정리하여 의뢰 여부를 결정해야 하므로 충분히 생각할 시간을 드립니다.

상대가 생각을 정리하는 동안은 추가 질문을 하거나 또 다른 제안을 하지 않습니다. 그러다 보니 긴 시간 침묵이 이어지기도 하는데, 대개는 내담자의 긴 숙고 끝에 "그럼 잘 부탁드립니다" 하고 의뢰를 요청하는 경우가 많습니다.

영업 사원은 침묵을 두려워하지 않고 고객에게 정보를 아쉬움 없이 전달한 후에 고객이 그 정보를 스스로 정리하도록 침묵의 시간을 마련하면 성공률이 더 높아질 것입니다.

앞에서 언급한 사례에서도 보았듯이, 실제로 실적이 높은 영업 사원은 고객 앞에서 수다쟁이가 되지 않습니다. 오히려 말수가 적은 사람이 많은 듯합니다.

대화 중에 침묵하면
상대는 자신의 생각을
정리할 수 있다.

자이가르닉
효과로 보는
침묵 사용법

저의 일터라고 할 수 있는 법원에서도 침묵은 큰 역할을 합니다. 재판관은 판결을 내리기 직전, "피고인은…" 하고 말한 뒤에 짧게 침묵합니다. 그 사이에 원고와 피고는 물론, 검사와 변호사, 청중은 마른침을 삼키며 재판관의 다음 발언에 온 신경을 집중하지요. 그리고 모두의 의식이 집중되는 바로 그 순간, 재판관은 판결을 선고합니다.

마찬가지로 당신이 무언가 중요한 사실을 이야기해야 할 때 잠시 침묵한 뒤에 입을 열면 그 말이 더욱 강조됩니다. 강력한 발언은 사실 침묵이 만들어내는 것이지요.

그 밖에도 오래도록 활용되고 있는 카피 형태 중 하나로 '피아노 카피'를 들 수 있습니다. 여기에도 침묵이 사용되는데, 다음과 같습니다.

내가 피아노 앞에 앉자 모두가 웃었습니다.
하지만 내가 피아노를 치기 시작하자….

광고 카피라이터인 존 케이플즈John Caples가 쓴 이 카피는 마케팅 업계에서는 '피아노 카피'로 통칭하여 불립니다.

여러분도 이런 형식으로 쓰인 광고를 본 적 있지 않으신가요?

피아노 카피는 중요한 사항을 '말하지 않는' 침묵을 사용함으로써 보는 사람의 관심을 집중시킵니다.

이 책의 '들어가며'에서도 이 기법을 이용했습니다. 들어가며의 서두는 "인간관계의 고민을 순식간에 없애는 방법. 그것은 바로…"였습니다. '인간관계의 고민을 순식간에 없애는 방법을 알고 싶다'라고 느끼는 사람이 이 책을 읽어주기를 바라는 의도였습니다.

Part1에서도 소개했습니다만 심리학에서는 이를 '자이가르닉 효과'라고 합니다. 자이가르닉 효과란 '이루지 못했거나 중단된 일에 더 관심을 두는 인간의 심리'를 말합니다.

인간의 관심은 완수 직전일수록 강해집니다. 진짜 말하고 싶은 내용을 말하기 직전에 '이유'를 만들어내는 것과 일맥상통하지요.

광고를 만드는 것에 익숙하지 않은 사람이라면 말하고 싶은 내용을 빠짐없이 전달하기 위해 빼곡히 카피를 적습니다. 그 결과 카피가 너무 길어져 도리어 읽히지 않게 되어 버립니다.

사람과의 커뮤니케이션에서는 적절한 내용을 적절한 타이밍에 전달하는 것이 중요합니다. 그러나 전하고 싶은 내용이 많아지면 오히려 논지를 제대로 파악하기가 힘들어집니다. 그럴 때는 발상을 전환하여 말을 줄이고 '이유'를 만들면 쉽게 전달되는 경우가 있습니다.

이 책에서
가장 중요한 내용은
여기에 있습니다

지금부터 이 책에서 가장 중요한 이야기를 하겠습니다.

중요한 이야기를 하고 싶을 때는 "지금부터 중요한 말을 하겠습니다"라는 발언 후 잠시 침묵하고 나서 말을 꺼내면 효과가 있습니다.

당신은 이 페이지에 접어들었을 때 소제목을 읽고서 '여기에 중요한 정보가 적혀 있겠구나' 하고 다른 곳보다 집중하여 읽으려고 했을 것입니다. 어쩌면 서점에서 무심코 책을 꺼내 들어 서서 읽다가 목차를 확인하고 가장 먼저 이 페이지부터 펼쳤는지도 모르겠습니다.

　바로 이것이야말로 이 소제목이 노린 목표입니다.

　즉 몸풀기 멘트로 시선을 끌어 사람들의 흥미를 유발하는 것입니다. 주요 발언을 할 때는 이야기의 내용도 중요하지만, 몸풀기 멘트도 본론 못지않게 중요합니다.

　널리 사용되는 몸풀기 멘트에는 다음과 같은 예가 있습니다.

- "여기에서만 하는 이야기인데요."
- "너니까 말해 주는 거야."
- "다른 데서는 못하는 말인데요."

　이러한 멘트에는 상대와의 관계를 특별하게 맺어주는 효과가 있습니다. 듣는 사람은 '다른 사람에게는 말하지 않는 내용을 나에게만 특별히 말해준다'라는 인식을 갖게 되어 당신의 발언 내용에 가치를 높게 부여합니다.

　이렇듯 중요한 이야기를 하기 전에는 '중요한 이야기'라는 몸풀기 멘트를 해 두면, 상대가 이야기를 집중하여 듣게 할 수 있습니다.

　몸풀기 멘트는 다수의 사람을 상대로 이야기할 때도 유효합니다. 수업이나 세미나 같은 강의에 참가 인원이 많으면 방심하고 조는 사람이나 옆 사람과 속닥거리며 잡담하는 사람이 생기기 쉽습니다. 이를 방치하면 진지하게 듣고 있는 다른 사람의 집중력마저 흐려지고 말지요.

이런 상황에서 청중을 집중시키고 싶다면 몸풀기 멘트를 활용하면 좋습니다. 예를 들어 수업 시간에 "지금부터 다루는 부분은 시험에 나옵니다"라고 말하는 것이지요.

학생이 수업을 듣는 목적은 시험에서 좋은 성적을 거두기 위함이므로 당연히 집중할 것입니다. 아무런 말 없이 시험의 출제 포인트를 설명한 다음 "지금 이야기한 부분은 시험에 나올 테니 잘 기억하도록!" 하더라도 학생들 대부분은 "앗! 다시 말해 주세요. 못 들었어요!"라는 반응을 보일 것입니다.

제가 세미나에서 종종 사용하는 몸풀기 멘트는 "여기가 중요합니다"입니다. 이렇게 말하면 그때까지 손에 쥔 강의 요약서를 보고 있던 수강생 모두가 고개를 들고 저를 바라봅니다.

수강생들은 '새로운 수확이 있다'라고 할 만한 내용이 있을 때 만족하는데, 세미나에서 다룬 내용을 모두 기억할 수는 없기 때문에 인상적인 부분 몇 가지를 각인시키면 만족도가 높아집니다. 몸풀기 멘트는 이때 무척 긴요하게 활용되는 요소입니다. 그래서 "지금부터 중요한 이야기를 하겠습니다"라고 한 뒤 잠시 침묵하여 수강생들의 주의가 한층 더 집중되도록 합니다.

상대의 침묵은

동의가

아니다

당신이 상대에게 어떤 이야기를 다 마쳤는데, 상대가 침묵하고 있다면 어떨까요?

상대의 침묵을 어떻게 해석하느냐는 커뮤니케이션에서 굉장히 중요한 포인트입니다.

직장에서 상사가 부하 직원에게 지시를 내리고 "알겠지?" 하고 확인차 묻는데, 직원이 침묵한다고 해 봅시다. 이는 다음의 3가지 경우로 해석할 수 있습니다.

1. 동의한다.
2. 생각 중이다.
3. 동의하지 않는다.

즉 침묵이 반드시 동의를 뜻하지는 않습니다. 특히 '생각 중이다'와 '동의하지 않는다'일 때는 주의해야 하지요.

이때 부하 직원의 의견을 명확하게 해 두지 않으면 나중에 트러블이 생겼을 때, 부하 직원이 "저는 그때 동의하지 않았어요"라고 반론을 제기할 수 있습니다.

침묵은 여지를 남깁니다. 예를 들어 상사가 어떤 지시를 내렸는데 부하 직원이 침묵하며 생각에 잠겨 있는 경우, 그 생각의 내용에도 여러 가지 패턴이 있습니다.

- 지시 내용이 잘 이해되지 않는다.
- 지시 사항을 어떻게 실행해야 좋을지 생각 중이다.
- 다른 일과 겸하여 수행하기 힘들겠다는 생각을 하고 있다.
- 자신의 능력 밖의 일이다.
- '그건 아닌 것 같다'라는 생각을 하고 있다.

대개 부하 직원은 상사의 지시를 수행하는 쪽으로 생각하지만, 상사의 기대치만큼 도달할지는 미지수입니다. 특히 지시사항의 의미를 이해했어도 수행할 방법을 알지 못하면 상사의 예상과는 전혀 다른 방향으로 일이 진행되고 말겠지요.

한 권투 시합에서 선수를 보조하는 세컨드가 선수에게 "발을 써, 발을!" 하고 스텝을 밟으라는 지시를 하자 그 선수가 권투 시합에서는 반칙인 발차기를 연달아 했다는 우스갯말도 있습니다. 그 정도로 지시 사항과 이해 정도의 간격이 벌어져 있는 경우가 적지 않습니다.

또 상사의 지시를 이해는 했지만 행동으로 옮기는 데에는 동의하지 않을 수도 있습니다. 특히 분주한 직장이라면 부하 직원은 '매번 급한 일만 시킨다'라고 불만을 품고 있을지도 모르고, 그 불만을 침묵으로 나타내고 있는지도 모릅니다.

상황이 이러한데 상사는 부하 직원의 침묵을 동의로 받아들이거나 "네"라고 대답하지 않았으니 동의하지 않는다고 여긴다면 그 일이 성사될 리 없습니다.

상사 입장에서는 "몇 번을 말해야 알아듣는 거야?"라고 말하고 싶겠지만 이 상태로는 몇 번을 말해도 도돌이표일 것입니다. 세상에는 "말로 하면 다 돼", "말했잖아", "내가 말하면 괜찮아"처럼 말만 하면 상대에게 자신의 의도대로 전달되리라고 믿는 사람이 의외로 많은 듯합니다.

자신의 뇌와 상대의 뇌는 전혀 딴판입니다. 사물과 현상을 인식하는 방법이 다르고, 경험도 다르지요. 자신이 말한 내용이 상대에게 그대로 전달되었는가와 상대가 정확히 이해했는가는 다른 문제라는 사실을 인식해야만 합니다.

상대의 침묵이 무엇을 의미하는지 파악하려면 상대에게 직접 듣는 수밖에 없습니다. 이렇게 당연한 것을 굳이 설명하는 이유는 머리로는 이해하더라도 실제 행동으로 옮기는 사람은 뜻밖에도 소수이기 때문입니다.

대부분의 상사는 부하 직원이 이해하지 못하고 있다는 판단이 서면 더욱 더 많은 말로 설명하려 듭니다. 부하 직원에게 어디가 어떻게 이해가 안 되는지 되묻는 상사는 소수이지요.

질문을 했다면 상대가 말을 꺼낼 때까지 기다립시다. 말을 했으니 모두 OK인 것은 아닙니다.

제가 지시형 매니지먼트보다 질문형 매니지먼트를 권장하는 이유는 상대의 이해와 동의를 확인하는 절차가 중요하기 때문입니다.

생각한 대로
사람을 움직이는
방법

이제는 말의 중요성을 느끼는 당신도 예전에는 말하지 않고도 다른 사람을 생각대로 움직였던 적이 있습니다.

바로 당신이 아기였을 때입니다. 아기만큼 성인을 자기 생각대로 움직이는 존재는 없을 것입니다.

아기는 말을 할 수 없습니다. 그럼에도 울거나 표정을 바꾸거나 옹알이를 하며 성인을 마음껏 움직입니다. 아기가 울음을 터뜨리면 어른들은 '배가 고픈가?', '우유를 줘야 하나?', '안아줄까?', '장난감을 가지고 놀고 싶은 걸까?' 하며 당황합니다. 그렇게 아기는 자신이 원하는 바를 이루는데, 이는 우리가 언어 이외의 커뮤니케이션에 영향을 받고 있다는 증거입니다.

그 밖에도 우리는 언어 이외의 요소로 감정이 흔들리는 경우가 있습니다. 동물들이 출연하는 다큐멘터리에서 동물은 우리가 사용하는 언어를 쓰지 않지만 우리는 동물들의 행동을 이해합니다. 때론 공감하며 눈물을 흘리기도 하지요. 특히 개가 주인공인 영화에서는 '개가 너무 능청스럽다'라고 말하고 싶을 정도로 그 상황에 몰입하여 감동하기도 합니다.

스티븐 스필버그Steven Spielberg 감독의 작품 중 큰 사랑을 받은 〈E.T.〉라는 영화가 있습니다. 주인공인 외계인도 말을 거의 하지 않지요.

세상에는 반려동물과 언어 이외의 방법으로 소통하며 반려동물을 마치 사람처럼 대하는 분도 있습니다. 이러한 현상의 밑바탕에는 호의와 신뢰가 있습니다.

상대에게 말로만 영향력을 행사할 수 있는 것은 아닙니다. 말이 전부는 아닙니다. 평소의 행동에 따라 '호의 잔고'와 '신뢰 잔고'가 쌓이기도 하고 깎이기도 합니다.

'저 사람이 하는 말이라면'으로 이어지는 신뢰 관계는 '무슨 말을 하는지'보다 중요합니다. 이처럼 우리는 언어 이외의 요소로도 상대방에게 공감하는 능력이 있습니다.

공감이라는 감정을 놓고 보면 일반적으로 '여성이 남성보다 공감 능력이 뛰어나다'라고 합니다. 그래서인지 여성이 남성보다 아기의 울음 소리나 표정으로 아기가 요구하는 바를 더 잘 읽어내는 것은 아닐까 싶습니다. 이 논리가 옳다고 한다면 남녀 사이에서 발생하는 커뮤니케이션 오류의 이유도 짐작할 수 있습니다.

예를 들어 여성에게 상대의 표정을 보고 동의하는지, 아니면 불만이 있는지 파악하는 능력이 있다고 해 봅시다. 여성은 상대의 표정을 보고 기분이 어떤지 알아채기 때문에 남성도 그러리라고 여기는 사고가 이상하지 않습니다. 즉 여성은 불만 가득한 표정을 지으며 말을 하지 않는 모습으로 남성에게 의사를 표현했는데, 남성은 여성이 '딱히 말이 없으니 내 말에 동의하는구나' 하고 오해할 수도 있지요. 그 결과 남성은 '별다른 말이 없으니 OK로군' 해 버리고, 여성은 '내 표정을 보고도 어떻게 OK라고 생각할 수가 있는 거지?' 하는 일이 벌어지는 것입니다.

여성들은 대화가 끊임없이 이어지지만, 남성들은 대화가 이어지지 않는 현상도 이 때문인지 모릅니다.

'기분 나쁜 대화'를 하고 있지는 않습니까?

세상에는 기분 나쁜 사람이 있습니다.

타이밍을 고려하지 못하고 상대방의 말을 끊거나, 하지 않아도 좋을 말을 꺼내서 분위기를 어색하게 만드는 사람을 말합니다. 여러분의 주변에도 한두 명 정도는 있지 않으신가요?

이런 사람들을 보면 '왜 하필 지금 저런 이야기를 하는 거지?' 하고 어처구니가 없어지는데 어쩌면 우리도 알게 모르게 기분 나쁜 대화를 하고 있을지도 모릅니다.

이 책은 침묵과 공백의 중요성에 관하여 이야기하고 있습니다. 그러나 이 공백은 날카로운 검처럼 잘못 사용하면 인간 관계를 악화시키고 말지요.

여기서는 잘못된 공백에 대해 알아보겠습니다.

1. 타이밍이 좋지 않다.
2. 군더더기를 붙인다.
3. 자기중심적으로 대화한다.

바로 본론으로 들어가겠습니다.

1. 타이밍이 좋지 않다

타이밍이 나쁘다는 건 대화의 캐치볼이 잘 이루어지지 않고 있다는 증거입니다. 다음과 같은 행동에 해당합니다.

- 상대방의 말이 끝나기도 전에 말을 얹는다.
- 말을 끝까지 듣지 않고 "나도 그것에 대해 좀 알아"라며 아는 체한다.
- 침묵하며 자신의 생각을 정리하는 상대에게 "그럼, 이렇게 질문을 해 볼게요"처럼 다른 질문을 해서 생각을 방해한다.

2. 군더더기를 붙인다

발설해서는 안 되는 말이나 상대가 듣기 불편해할 만한 말을 내뱉어 버리는 사람이 있습니다. 이렇게 불필요한 이야기를 하는 것도 '기분 나쁜' 행동의 하나입니다.

성희롱 발언의 대부분은 기분에 영향을 줍니다. 성희롱 발언을 하는 이유는 상대를 얕잡아보는 의식이 깔려 있기 때문이지요. 상대방을 깔보는 심리는 사실 자기 자신을 긍정하지 못한다는 사실을 역으로 드러내는 것입니다.

상대방을 자신보다 못한 사람으로 취급함으로써 상대적으로 자신이 중요한 사람이라고 느끼며 자존감을 회복하려는 욕구가 있는 것이지요. 자존감이 충족되어 있는 사람은 상대를 깔볼 필요가 없으니 성희롱 발언도 하지 않습니다.

불필요한 말로 상대를 얕보는 버릇이 있는 사람을 만났을 때 '자존감이 낮은 사람'으로 불쌍히 여긴다면 그리 화가 나지 않습니다.

3. 자기중심적으로 대화한다

눈치가 없는 사람도 기분 나쁜 사람이 될 수 있습니다. 예를 들면 상대가 "어젯밤에 11시까지 일했어" 하고 말했을 때 곧바로 "나는 새벽 1시까지 했어" 하며 마치 내기에서 이기려는 듯 말하는 사람입니다.

이러한 사람의 특징은 다음과 같습니다.

- 상대를 이기려고 한다.
- 상대의 이야기를 가로챈다.
- 자신이 말하고 싶은 주제로 화제를 돌린다.
- 상대의 시간은 아랑곳하지 않고 계속 말을 한다.

기분 나쁜 발언을 하는 근본적인 이유는 상대방을 배려하지 않거나 상대방의 입장에서 생각할 줄 모르기 때문입니다. 이러한 사고방식이 성희롱이나 직장 내 권력을 이용한 괴롭힘으로 이어집니다.

저는 법률 전문가로서 성희롱이나 직장 내 괴롭힘을 없앨 방법에 대하여 고민할 때는 제도적인 면에서 접근하려 하지만, 사실 더 근본적인 해결 방법은 상대를 존중하는 사고를 몸에 배도록 하는 것에 있습니다.

성희롱이나 직장 내 괴롭힘을 행사하는 사람의 마음 밑바탕에는 '상대를 업신여기고, 강압적인 태도를 보이면 상대보다 우위에 설 것'이라고 여기는 생각이 깔려 있습니다. 다시 말하면 자존감이 낮기 때문에 상대를 깎아내리는 것으로, 이 점을 스스로 깨달으면 성희롱이나 직장 내 괴롭힘은 줄어들 것이라고 생각합니다.

하지만 분위기 파악을 못하는 사람이 갑자기 공기의 흐름을 읽어 내기란 어려운 일일지 모릅니다. 그럴 때는 화가 치밀어 오른다 싶으면 스스로를 돌아보는 습관을 지니면 좋습니다.

앞에서도 소개했지만 심리학자 아들러는 "화를 내는 행동은 타인을 지배하려는 목적을 위해 사용된다"라고 주장합니다.

상대와 커뮤니케이션을 하고자 하는 목적을 달성하는 것에는 분노 이외에도 길이 있습니다. 바로 상대의 이야기를 가만히 들어주면서 호감과 신뢰를 얻는 방법입니다.

인간관계의

마지막 종착지에

있는 것

대화 도중에 침묵으로 공백이 생기면 많은 사람은 '무슨 말 이든 해야 해' 하는 강박이 생깁니다.

이런 사람들은 침묵이 흐르면 '이야기에 흥이 오르질 않는 다', '대화의 궁합이 좋지 않다'라고 상대에게 평가받을까 봐 노심초사하는 듯합니다. 인간관계를 연결하는 도구가 대화 이기에, 대화가 끊어지고 침묵이 이어지면 인간관계를 제대 로 맺고 있지 못한다는 뜻은 아닌지 염려한다는 말입니다.

하지만 저는 인간관계의 마지막 종착지에 있는 것이 바로 침묵이라고 생각합니다.

어느 날 공원 벤치에 앉아 있는데, 옆 벤치에 노부부가 와 앉았습니다. 그 노부부는 조용히 벤치에 앉아 아무 말도 하지 않고 눈앞의 연못을 바라보았습니다.

가끔 서로를 바라보고 빙긋 미소 지으며 그렇게 시간을 보내더군요. 그러고는 천천히 일어나 다시 사이좋게 어딘가로 걸어갔습니다. 무척 흐뭇한 광경이었지요.

이와 비슷한 젊은 커플을 본 적도 있습니다. 두 사람이 벤치에 앉아 여성은 남성의 어깨에 기댄 채 손을 잡고 있었는데, 아무런 말 없이 가끔 서로를 바라보며 행복한 표정을 지었습니다. 거기에 대화는 없었지요.

이 노부부나 젊은 커플이 인간관계를 제대로 맺지 못하고 있는 것처럼 보이시나요? 저는 오히려 그 반대라고 생각합니다. 어떤 말을 섞지 않아도 서로를 신뢰하며, 견고한 인간관계를 맺고 있기 때문에 그들은 특별한 대화가 필요치 않았던 것입니다.

그들은 인간관계를 처음 맺을 때는 대화를 통해 상대와 자기 자신에 대해 서로 깊이 알아갑니다. 교제를 하면서 신뢰 관계를 점점 돈독히 쌓아가다가 마침내 아무런 말을 하지 않아도 깊이 이해하게 되는 경지에 도달하게 된 것은 아닐까요? 그런 의미에서 침묵은 인간관계의 마지막 종착지에 있는 것이 아닐까 싶습니다.

그렇지만 침묵이 어색하지 않은 관계일지라도 때로는 서로에게 화가 나기도 할 테지요. 그럴 때는 어떻게 해야 할까요?

《스티브 코비의 마지막 습관》이라는 책에 그 힌트가 들어 있습니다. 아메리칸 인디언들의 집회에서는 발언자가 '토킹스틱'이라는 지팡이를 들고 자신의 의견을 말하도록 가르친다고 합니다. 지팡이를 든 발언자가 자신의 의견이 모두에게 충분히 전달되었다고 만족할 때까지는 그 누구도 말을 막을 수 없는 규칙이 있지요. 따라서 발언자는 하고 싶은 말을 충분히 할 수 있습니다.

새롭게 맺은 관계에서 서로 분노가 일어날 때 이 수단을 이용하면 원만하게 해결되지 않을까요? 다툼은 대개 오해에서 시작됩니다. 상대의 발언을 잘 들어보면 그 나름대로 납득이 되는 부분도 많습니다. 서로 오해를 풀기 위해서는 상대의 발언을 중간에 자르거나 끼어들고 싶은 마음을 꾹 참고, 끝까지 말하도록 해야 합니다.

싸움이 일어났을 때 아메리칸 인디언들처럼 마음의 토킹스틱을 들고 상대의 이야기가 끝날 때까지 기다려주고, 상대가 말을 마치면 침착하게 자신의 의견을 설명하는 편이 좋습니다. 그래서 오해가 풀렸다면 더 이상의 대화는 필요치 않으므로 또다시 침묵으로 돌아가 잠잠히 서로를 느끼는 시간을 가지는 것이 현명합니다.

부부는

왜

싸울까?

연인끼리는 아무 말 없이 서로를 바라보는 것만으로도 사랑을 확인할 수 있습니다. 그런데 결혼을 하면 하루가 멀다 하고 싸우는 나날이 기다리고 있지요.

어째서 부부가 되면 싸움이 끊이지 않는 것일까요? 부부싸움이라는 말은 있지만 '연인싸움'이라는 말이 없는 이유는 왜일까요?

일단 함께 생활해 보니 가치관의 차이가 극명하게 드러나거나 양보하려는 마음이 사라지는 것이 원인이라고 생각됩니다.

또 부부니까 상대가 당연히 자신을 이해하고 있다고 여겨서 상대방이 자신이 생각한 대로 행동하지 않으면 싸움으로 번지는 것입니다.

여기서 싸움의 발단은 '말'입니다. 그러나 상대를 이해하고 자신이 이해받는 일은 말로만 이루어지는 것이 아닙니다. 하지만 침묵이 어색하다는 생각에 무심결에 말이 많아지고, 말이 많아지면 불필요한 발언을 해 버릴 가능성이 커지지요.

이쯤에서 부부싸움의 전형적인 패턴을 소개하려 합니다. 남편은 피곤한 몸을 이끌고 퇴근했고, 아내는 남편이 자신의 이야기를 들어주었으면 하는 상황입니다.

아내 : 여보, 있잖아.

남편 : 무슨 일이야?

아내 : 오늘 시간을 꼭 지켜야 하는 학부모 모임이 있었는데, A 씨가 늦게 온 거야.

남편 : 그러면 안 되지.

아내 : 그래서 내가 주의를 줬더니 연락을 늦게 받아서 선약이 있었다고 핑계를 대더라고.

남편 : 언제 연락했는데?

아내 : 사흘 전에.

남편 : 그럼 좀 촉박했네. A 씨 입장도 이해가 되는걸. 앞으로 조금 더 빨리 연락하는 편이 좋겠어.

아내 : 그게 무슨 소리야. 당신은 내가 잘못했다는 거야?

남편 : 아니, 그런 말이 아니잖아.

아내 : 됐어, 그만해.

남편 : 도대체 왜 화를 내는 거야?

이런 싸움, 여러분도 마음 한구석이 찔리지 않으신가요?

남녀의 뇌 구조 차이에 관해서는 다양한 연구가 진행되었습니다. 그중 여성의 뇌는 공감을 원하고, 남성의 뇌는 결론을 내리기 바란다는 연구 결과도 있지요.

위의 예시에서 남편은 아내의 말을 듣고 자기 나름대로 대답했지만, 아내는 그저 공감해 주기를 원했습니다.

이런 경우 조용히 아내의 이야기를 듣고 "속상했겠네"라고 한마디만 했다면 싸움으로 번지지는 않았을 것입니다.

그 밖에도 《말을 듣지 않는 남자 지도를 읽지 못하는 여자》라는 책에는 다음과 같은 내용이 있습니다.

"제발 본론을 말하라고!"

이 말은 전 세계 방방곡곡의 남자들이 여자들을 향해 혼신의 힘을 다해 내지르는 말이다. 여자는 말을 할 때 주로 간접 화법을 쓴다. 자신이 원하는 것을 암시하거나 아니면 빙 돌려서 말하는 것이다.

간접 화법은 여자의 십팔번이고 이런저런 목적에 두루 잘 쓰인다. 그것은 공격성, 대결, 불화 등을 피하게 함으로써 원만한 인간관계를 구축하고 강한 유대감을 느끼게 만든다. 그것은 화목을 최고로 치는 둥지 수호자의 전반적인 접근 방식에 가장 알맞은 화법이다.

이 책을 읽고 계신 남성분들 중에서는 여성의 말에 결론을 내리려고 안달했던 경험이 있었는지 모르겠습니다. 여성분들 중에서는 이야기를 나누고 싶을 뿐인데 자신의 의견을 일방적으로 설명하는 남성 때문에 조바심이 났던 경험이 있었는지요?

남녀의 뇌가 다르다고 한다면 자신의 생각이 그대로 상대에게 통할 리 없습니다. 이성을 이해하고자 한다면 침묵하며 상대의 이야기에 귀를 기울이는 태도가 중요합니다.

'호의 잔고'와
'신뢰 잔고'를
쌓는 방법

이 책은 지금껏 대화를 하면서 일단 피해야 할 요소로 여겨졌던 '침묵'에 스포트라이트를 비추고 있습니다. 침묵은 피해야 할 것이 아닌 오히려 유용하게 활용해야 할 것으로, 침묵을 활용하는 몇 가지 테크닉도 소개했습니다. 하지만 이 책은 상대를 컨트롤하는 테크닉을 소개하는 책은 아닙니다. 또 상대를 잘 다루어서 자신의 만족을 얻게 하려는 의도도 없습니다.

핵심은 침묵을 통해 상대의 기분을 이해함과 동시에 자신의 이야기도 효과적으로 전달하여 더 좋은 관계를 맺는 것입니다. 즉 서로 간의 '호의 잔고'와 '신뢰 잔고'를 쌓기 위함이지요. 이 점을 간과하고 테크닉을 남용한다면 오히려 가벼운 사람으로 보이기 십상입니다.

심리 테크닉과 관련한 정보는 세상에 이미 넘쳐납니다. 심리를 다루는 기술이나 협상 테크닉 중에는 '어떻게 상대를 조종할지'에 중점을 둔 내용이 매우 많습니다. 하지만 상대도 그 정보를 이미 알고 있다면 당신의 의도는 들통나고 말 것입니다. 그럼 어떻게 될까요? 당신의 '호의 잔고'와 '신뢰 잔고'는 점점 바닥을 드러내겠지요.

일상생활에서 상대방과 의견이 대립하는 경우가 많습니다. 그 이유는 가치관이 다르기 때문입니다. 이때 자신과 다른 가치관을 지닌 사람은 기피하기 쉬운데 사실 가치관에는 높고 낮음도, 선과 악도 없습니다.

예를 들면 상사가 부하 직원을 혼내기도 하는데, 그중에는 부하 직원을 자신의 감정 쓰레기통 정도로 여기는 상사도 있을 것입니다. 하지만 상식이 있는 상사라면 부하 직원을 성장시키기 위해 야단칩니다. 그런데 부하 직원이 꾸지람에 반발하기만 한다면 상사의 진의를 알 수 없습니다. 부하 직원은 잠잠히 상사의 이야기를 들으며 상사가 자신을 야단을 치는 진짜 이유를 이해하려고 노력해야 합니다.

그럼에도 상사의 꾸중이 납득이 가지 않는다면 어떻게 해야 할까요? 물론 상사에게 자신의 의견을 어필하는 편이 좋겠지만 전달하는 방법에 주의해야 합니다.

만약 부하 직원이 상사에게 "그건 잘못된 것 같습니다" 하고 말한다면 어떨까요? 상사의 자존심에 상처를 입히게 됩니다. 부하 직원은 상사를 부정적으로 몰아세우기보다 "이러이러한 방법도 있지 않을까요?" 하며 '정보 제공' 차원에서 말하도록 유념해야 합니다.

반대로 상사의 입장이 되어 봅시다. 혼을 내고 있는데 부하 직원이 반항합니다. 단순히 자기방어를 할 뿐인 경우도 있지만 사실 어떻게 행동해야 할지 모르고 있는지도 모릅니다. 그러면 부하 직원을 혼내기만 하지 말고, 부하 직원에게 발언할 기회를 주고 잠잠히 이야기를 듣는 자세가 필요합니다.

중요한 이야기를 전달하고 싶다면 말을 많이 해서 상대를 설득하기보다 조용히 상대의 이야기를 듣고 잠시 침묵한 후에 중요한 이야기를 꺼내는 편이 효과적입니다.

원활한 커뮤니케이션이란 어느 한쪽이 이익을 얻는 것이 아닙니다. 양쪽 모두가 납득하고 목적을 달성하기 위한 행위입니다. 말만 늘어놓기보다 침묵하는 편이 효과적일 때가 있다는 사실을 전하고 싶습니다.

Part 3

파워
액션

**침묵에도 통하는
테크닉이 있다**

당신의 말은
7퍼센트밖에
신뢰받지 못한다

당신의 말이 상대에게 어느 정도 영향을 미치는지 알고 계십니까?

정답을 먼저 말씀드리자면, 7퍼센트입니다.

말하는 쪽이 듣는 쪽에 미치는 영향은 '언어 정보', '청각 정보', '시각 정보' 이렇게 3가지로 구성되어 있는데 각각의 영향력은 다음과 같습니다.

- 언어 정보 : 7퍼센트

- 청각 정보 : 38퍼센트
- 시각 정보 : 55퍼센트

놀랍게도 소리(청각 정보)와 눈에 보이는 모습(시각 정보)이 93 퍼센트를 차지합니다. '겉보기가 9할'이라는 말입니다.

이 사실을 몰랐던 사람은 충격을 받겠지요. 아무리 좋은 이야기를 하더라도 외적인 조건이 좋은 사람에게는 지고 들어간다는 소리로 들리는데, 이것이 사실이라면 그야말로 잔혹한 현실입니다.

이 이야기는 1971년에 미국의 심리학자 알버트 메라비언 Albert Mehrabian 이 '말하는 쪽이 듣는 쪽에 미치는 영향'에 관한 연구와 실험 데이터를 발표하면서 세상에 알려졌습니다.

이 책에서도 다루는 것처럼 말을 할 때 못지않게 침묵할 때의 커뮤니케이션은 상대에게 커다란 영향을 줍니다.

인간은 언어적 커뮤니케이션 능력은 물론, 비언어적 커뮤니케이션('넌버벌 커뮤니케이션'이라고 합니다) 능력도 지니고 있습니다.

당신이 영업하려고 전화를 걸었는데 상대가 "네, 알겠습니다. 생각해 볼게요" 하고 대답했다고 칩시다. 상대의 목소리 톤을 들으면 살 것인지, 사지 않을 것인지 짐작이 가능합니다. 그렇게 간파하는 능력이 넌버벌 커뮤니케이션입니다.

그렇다고 이야기의 내용보다 목소리나 외모를 더 정비해야 한다는 생각은 조금 지나칩니다. 사실 알버트 메라비언의 법칙에는 전제가 있습니다.

메라비언의 실험 방법을 살펴봅시다.

1. '호감', '혐오', '중립'을 나타내는 단어를 설정하고 각 단어를 '호감', '혐오', '중립'의 감정을 담아 녹음한다 ('호감'을 나타내는 언어로는 연인을 부르는 'Honey'와 같은 단어를 설정하고 감정별로 총 3번 녹음하는 식).

2. '호감', '혐오', '중립'을 나타내는 표정이 담긴 얼굴 사진을 준비하고, 사진과 모순되는 감정으로 녹음한 소리를 피험자에게 들려준다.

3. 피험자가 녹음한 소리를 듣고 '호감', '혐오', '중립' 중 어느 감정을 느꼈는지 질문한다.

4. 그 결과를 분석했더니 앞에서 언급한 바와 같이 언어 정보 7퍼센트, 청각 정보 38퍼센트, 시각 정보 55퍼센트의 결과 값을 보였다.

말로 아무리 '재미있다'라고 말하더라도 목소리의 톤이나 크기가 말의 내용과 모순적으로 따분하게 느껴진다면 상대에게는 '따분하다'로 전달될 확률이 높으며(38퍼센트), 말로는

'재미있다'라고 말하더라도 한숨을 쉰다면 역시 상대에게는 '지루하다'로 전달될 확률이 높다(55퍼센트)는 뜻입니다.

즉 메라비언의 실험 결과는 '언어와 비언어 사이에 모순이 있을 경우에는 비언어의 영향력이 더 크다'라는 점을 밝혀 주었습니다.

이는 '겉보기에 신경을 쓰면 무슨 말을 해도 상대에게 영향을 줄 수 있다'라는 뜻이 아닙니다. 또 '말보다 겉보기를 중시해야만 한다'라는 뜻도 아니지요. '말로는 좋은 말을 하더라도 상대에게 간파 당한다'라는 뜻입니다.

언어 정보와 청각 정보, 시각 정보에 모순이 있으면 정보를 받아들이는 사람은 혼란스러워집니다. 메라비언의 법칙대로라면 표정이나 겉보기 정보를 우선으로 받아들입니다. 그러므로 타인과의 커뮤니케이션에서 중요한 점은 모순을 발생시키지 않아야 한다는 것입니다.

애초에 모순이 발생하는 원인은 바로 말수가 많기 때문입니다.

재판에서 진실한 증언을 하지 않는 사람의 공통점은 무턱대고 변명과 같은 이야기를 늘어놓는다는 것입니다. 그리고 말수가 많아질수록 모순이 발생하기 쉽기 때문에 가만히 듣고 있다가 모순점을 지적하면 반격을 하기 쉬워집니다.

반대로 청각 정보, 시각 정보가 말하는 내용과 모순 없이 일치한다면 보다 전달하기 쉬워집니다.

구체적으로 비관적인 일을 전달해야 하는 경우라면, 일부러 목소리 톤을 낮게 하고 위기감을 불러일으키는 듯한 목소리에 애처로운 표정을 지으면 수월하게 의미를 전할 수 있습니다. 그런 다음 밝고 긍정적인 언어로 개선책을 이야기하면 상대가 무난하게 받아들이게 되지요.

메라비언의 법칙을 통해 확인했듯이 대화할 때 비언어적 커뮤니케이션이 얼마나 중요한지 항상 의식하는 태도가 필요합니다. 아무리 좋은 말을 하더라도 겉보기에 모순이 있으면 신뢰를 얻지 못합니다.

인간에게는 많은 말을 하지 않더라도 상대에게 영향을 미칠 수 있는 비언어적 커뮤니케이션 능력이 내재되어 있습니다. 이번 장에서는 침묵을 뒷받침하는 비언어적 커뮤니케이션에 관해 다루겠습니다.

첫 만남

초반 몇 분에

전력을 기울여라

첫인상은 첫 만남 후 약 6초에서 7초 사이에 결정된다고 합니다. 게다가 첫인상은 그 후로도 상대에게 지속적인 영향을 줍니다.

앞에서 소개한 메라비언의 법칙에서처럼 첫인상도 겉보기의 영향력이 크다는 사실은 이해하셨으리라 생각합니다. 그래서 첫인상이 나쁘면 만회하기가 굉장히 어렵지요.

어떤 말을 꺼내기도 전에 상대는 말하는 쪽의 인상을 결정해 버립니다.

요즘에는 저도 나이 탓인지 술을 그다지 마시지 않지만, 젊었을 때는 한밤중까지 친구들과 술을 마시러 다녔습니다. 술을 마시고 소란을 피웠던 경험도 적지 않지요. 만약 그런 상황에서 지인이 재판에 휘말려 변호사가 필요하다면 과연 저에게 변호를 의뢰할까요? 좀처럼 확신하기 힘든 부분입니다.

'이 사람에게 맡겼는데, 내 문제를 제대로 해결해 주지 않으면 어쩌지? 오늘도 밤늦게까지 야단법석인데 내 재판을 잊어버리지는 않을까?'와 같은 생각을 할지도 모릅니다. 제가 아무리 "일에서는 최선을 다합니다"라고 할지라도 첫인상을 없애기에는 역부족일 것입니다.

여기서 짚고 넘어가야 할 것은 저는 일을 마치고 난 다음에 술을 즐긴다는 점과 술이 저의 변호 능력과는 아무런 관련이 없다는 점입니다. 저는 온 힘을 다해 상담에 임하고, 여태까지의 실적으로 미루어 보아 신뢰받는 변호사라고 자부하니 말이지요.

하지만 이런 경우, 첫인상을 뒤집고 신뢰를 얻기에는 엄청난 노력이 필요합니다. 그러니 여러분도 누군가와 처음 만난다면 첫인상에 주의를 기울이시기를 바랍니다. 이야기를 꺼내기도 전에 승부가 결정될 수 있으니 말입니다.

그런데 변호사에게 기대하는 인상은 어떻습니까? 역시 침착하고 신뢰감이 느껴지며 자신을 위해 열심을 다해 줄 듯한 사람이겠지요. 저는 내담자와의 첫 면담 자리에 들어서면서 문은 서서히 열고 당당한 태도로 천천히 출입합니다. 말을 할 때는 차분한 분위기를 유지하도록 평소보다 낮은 목소리를 내려고 합니다.

이렇게 함으로써 내담자가 기대하는 변호사의 이상적인 모습을 만들 수 있고, 손쉽게 신뢰 관계를 맺을 수 있습니다. 이것은 결코 상대를 속이려는 것이 아닙니다. 잘못된 인상을 심어주지 않으려는 노력입니다.

이러한 '첫인상 효과'는 상상 이상으로 오랫동안 사람의 인상에 영향을 미쳐왔습니다.

예를 들면 부모가 자녀를 언제까지나 어린아이 보듯 하는 이유는 성인이 된 자녀의 모습을 보아도 어린아이였던 시절의 인상이 강하게 남아 있기 때문입니다. 특히 부모님이 품을 떠나 만날 기회가 적어진 다 큰 자녀를 걱정하는 이유는 자녀가 어렸을 때 어수룩하다고 느꼈던 기억이 있어서입니다. 이렇듯 인간이 처음으로 인식한 인상은 좀체 바뀌기 어렵습니다.

마찬가지로 일을 할 때도 첫인상이 무척 중요합니다. 처음으로 맡은 일이 잘 풀리지 않으면 '일을 못하는 사람'으로 보이기 십상이지요. 그다음 일을 제대로 해내더라도 처음의 실패에 대한 인상이 강한 탓에 '어쩌다 얻어걸린 일' 정도로 치

부합니다.

첫인상 효과의 활용법으로 '앵커링 효과Anchoring effect'라는 용어가 있습니다. 앵커링 효과란 '처음에 제시된 특징이나 수치가 기준점(앵커)이 되어 그 기준 범위에서 판단하게 되는 심리 경향'을 말합니다.

예를 들어 천만 원짜리 시계를 본 뒤에 백만 원짜리 시계를 보면 천만 원이 기준점이 되어 있기 때문에 백만 원짜리 시계가 상대적으로 저렴하게 느껴지는 식입니다.

그 밖에도 자신의 첫인상을 특징적인 모습으로 상대에게 어필할 수도 있습니다.

동작의 완급과
크기 조절로
인상이 완전히 달라진다

신체의 움직임도 상대와의 커뮤니케이션에 커다란 영향을 줍니다. 악수를 예로 들어 볼까요? 주로 사용하는 손에 따라 다르지만 보통은 오른손끼리 악수합니다. 그런데 오른손을 내밀었는데 상대가 왼손을 뻗는다면 어떨까요?

위화감을 느끼고 무슨 숨은 의도가 있는 것은 아닌지 하는 불길한 예감마저 들 것입니다.

또 대학 강의에서 학생들에게 재미있다고 소문이 난 교수와 지루하다고 소문이 난 교수의 차이는 그들이 다루는 이야기의 내용뿐만이 아닙니다. 바로 교수의 움직임입니다.

아래에 있는 원고를 줄줄이 읽어 내려가는 교수와, 학생들을 바라보며 몸짓과 손짓을 섞어 말하는 교수의 인상은 완전히 다르지요.

상대에게 쉽게 전달되는 프레젠테이션에는 다음의 3가지 포인트가 있습니다.

1. 눈을 바라보기

'눈은 입만큼이나 많은 말을 한다'라는 말이 있을 정도로 눈은 비언어적 커뮤니케이션에서 중요한 비중을 차지합니다. 상대에게서 눈길을 거둔 채로 말하면 자신감이 없어 보입니다. 한편 듣는 상대방의 눈을 바라봄으로써 '당신을 깊이 의식하고 있다'라는 의사 표시를 하기도 합니다.

강연이나 프레젠테이션에서도 아이 컨택은 중요합니다. 고개를 숙이고 말하는 것보다 청중과 찬찬히 아이 컨택을 하면서 대화를 이어나가면 더 좋은 인상을 남길 수 있습니다.

2. 개방적인 마인드로 상대를 맞기

프레젠테이션을 할 때 자신과 청중 사이를 가로막는 연단과 같은 장애물은 치우고 '열린 상태'로 이야기를 하면 상호 간 커뮤니케이션이 원활해집니다. 그리고 구부정한 모습보다 가슴을 쫙 편 자세일 때 자신감이 있어 보이지요.

TED Talks에 게시된 동영상을 보면 무대에 연단을 두고 프레젠테이션을 하는 사람은 거의 없습니다. 무대 위에 아무것도 없을 때 청중과의 거리감이 줄어들기 때문입니다.

반대로 상대와 거리를 두고 싶다면 커다란 테이블을 사이에 두고 앉도록 합니다. 또 자신과 상대의 사이에 무언가를 두도록 합니다. 노트북을 펼쳐 자신의 정면 앞쪽에 놓는 등의 장치를 하면 상대와의 거리를 훨씬 멀어지게 할 수 있습니다.

3. 몸짓과 손짓은 크게

설득력이란 내용뿐만이 아닌 말하는 사람의 에너지까지 전파시키는 힘입니다. 몸짓과 손짓을 크게 하면 에너지가 효과적으로 전달됩니다.

큰 동작은 상대를 끌어당기는 힘을 지니고 있습니다. 정치인이 가두연설을 할 때 반드시 손을 크게 휘두르는 것도 그 이유입니다. 연설하는 모습을 본 청중에게 믿음직하게 보이거나 능력이 있어 보이는 인상을 줄 수 있기 때문입니다.

이런 효과를 교묘하게 이용한 사람이 독일의 히틀러입니다. 그는 큰 소리는 물론, 청중이 한눈팔지 못하도록 하는 몸짓과 손짓으로 당시 독일 국민에게서 압도적인 지지를 얻었습니다.

게다가 큰 몸짓과 손짓은 듣는 사람뿐만이 아닌 스스로에게도 자신감을 부여합니다.

그런데 커뮤니케이션에는 시선의 에너지 교환이라는 측면이 있습니다. 격투기 시합 전에 선수들은 결의를 다지는 포즈를 취하며 서로를 쏘아보는데, 어느 누구도 시선을 피하지 않습니다. 시선을 피하면 진 것과 마찬가지기 때문입니다.

격투기와는 반대로 발표장에서 머뭇거리며 몸을 꼬는 사람이 있습니다. 정말이지 자신감이 없어 보입니다. 청중의 시선을 피하고자 무의식적으로 몸을 비비 꼬는 것일 테지요.

듣는 청중이 바라보는 강한 시선의 에너지를 이겨내지 못하고 자신의 시선을 딴 데로 돌릴 경우, 그 공간의 공기는 미묘해집니다.

연설이나
프레젠테이션을 할 때는
청중에게 당당하게 보이도록
큰 몸짓과 손짓을 한다.

복장의
명령에
반항하지 않는다

재판관은 매일 검은 정장을 입습니다. 그 이유를 알고 계신가요?

재판관은 이해관계가 있는 사람들로부터 독립되어 법을 파수하는 입장에서 판단해야 하므로 그 누구의 영향도 받아서는 안 됩니다. 즉 '어떤 색에도 물들면 안 된다'라는 의미로 검은색 복장을 입는 것입니다.

하지만 사실 검정 복장은 부차적인 효과를 불러옵니다. 중요한 판단을 내리는 역할과 그 위엄을 보이는 효과 말입니다.

재판관이 가벼운 차림으로 등장한다면 판결을 받는 쪽에

서는 어떻게 받아들일까요? 아니면 기업 간의 재판에서 변호사가 청바지를 입고 등장했다면 어떨까요?

복장 때문에 판결의 내용이 바뀌는 일은 없겠지만 재판 관계자들이 받아들이는 인상은 전혀 딴판일 것입니다. 이렇듯 복장에도 비언어적 커뮤니케이션이 작용하고 있습니다.

건강식품 광고에 등장하는 의사는 반드시 흰색 가운을 입고 있습니다. 흰색 가운을 입음으로써 광고를 보는 사람들에게 이 사람이 의사라는 사실을 인지시키기 위함입니다.

의상과 마찬가지로 직함도 권위를 드러내지만 복장은 직함보다 훨씬 강력한 비언어적 커뮤니케이션 효과를 발휘합니다.

로버트 치알디니Robert Cialdini의 《설득의 심리학》이라는 책에는 다음과 같은 연구 결과가 실려 있습니다.

의뢰인이 지나가는 사람을 불러 세워 15미터 앞의 파킹미터기 쪽에 서 있는 남성을 가리킵니다. 그러고는 이렇게 부탁합니다.

"저 남성분이 차를 빼고 싶어 하는데 공교롭게도 동전이 없다고 하네요. 혹시 저분에게 잔돈을 빌려주실 수 있을까요?"

의뢰인이 평범한 복장을 했을 때와 경비원 복장을 했을 때, 지나가던 사람들의 반응은 전혀 달랐습니다. 평범한 복장을 했을 때는 약 절반 정도의 사람들이 도와주었지만 경비원 복장을 했을 때는 거의 모든 사람들이 긍정적인 반응을 보였습니다. 우리는 복장이 내리는 명령에 반항하지 않습니다.

저는 한여름을 제외하고는 내담자를 만나러 갈 때는 정장에 넥타이를 매고 갑니다. 변호사로서 신뢰를 얻기 위한 가장 간단하고도 확실한 방법이기 때문입니다.

비즈니스에 있어서 복장은 자신의 취향이 아닌 상대가 지닌 인상을 의식하여 갖춰 입어야 한다고 생각합니다.

변호사가
TV 프로그램 해설자가
된 이유

TV 프로그램에 변호사가 해설자로 등장하는 일이 종종 있습니다. 변호사는 법률 전문가로서 다양한 사건을 담당하므로 사회 전반의 정보에 훤하다고 할 수 있기 때문이지요. 예를 들면 불륜 문제의 법률적인 견해 등을 제시할 수 있기 때문에 대형 정보 프로그램에 등장하는 것도 이해가 됩니다.

그러나 법률가가 등장해서 불륜은 설명할 수 있지만 연애관을 설명할 수 있을지에 대해서는 의문입니다. 그런가 하면 연애관은 개인의 주관이므로 애초부터 전문적인 지식의 범

주 밖에 있습니다. 그럼에도 시청자는 변호사의 그럴싸한 의견에 신뢰를 보냅니다.

왜 그런 것일까요? 이와 같은 일은 변호사에게만 국한되지 않고, 대학교수처럼 특정 분야의 전문가가 TV 프로그램의 해설자로 나타나는 광경이 종종 목격됩니다. 특정 분야에서 전문 지식을 지닌 사람은 다른 영역에서도 동일한 정도의 깊은 견해를 지니고 있으리라는 인상을 주기 때문입니다.

이런 인지의 왜곡을 '후광 효과'라고 합니다.

우리가 상식이라고 여기는 일에도 많은 편견이 녹아 있습니다. 예를 들어 '공무원=성실하다', '정치인=또 다른 얼굴이 있다'와 같은 편견을 이용하여 매스컴은 기사를 씁니다. 공무원도, 회사원도 물의를 일으킬 수 있습니다. 그럼에도 '공무원이 어떻게 저런…', '대기업에 종사하는 사람이면서 어떻게…'라고 탄식하는 이유는 우리의 편견이며, 이를 이용한 기사에 주의를 빼앗겼기 때문입니다.

정치인들의 스캔들도 '역시 그럴 줄 알았어' 하는 편견이 작용하여 주목도가 높아지는데, 반대로 다른 사람이 자신을 '지적인 사람'이라고 생각한다면 '후광 효과'를 역이용하면 좋습니다. 후광 효과를 이용하는 2가지 방법에 대하여 알아봅시다.

1. 특정 분야의 전문가가 된다

사람은 특정 분야에 깊은 지식이나 내공이 있는 사람을 보면 다른 분야에서도 동일한 정도의 깊이가 있거나 능력이 있으리라고 착각합니다.

2. 폭넓은 분야의 지식을 지닌다

폭넓은 분야의 지식을 지닌 사람을 보면 사람들은 '이 사람은 뭐든지 잘 알 거야' 하는 기대감에 이야기를 듣고 싶어 합니다. 이는 전문 분야가 있는 사람도 마찬가지로, 자신의 전문 분야 이외의 지식이 깊은 사람과 대화하기를 즐거워합니다.

이 두 가지 방법은 우열을 가릴 수 없습니다. 자신에게 맞는 방법을 선택하면 그만입니다. 물론 둘 다 사용해도 상관없지요.

저는 변호사의 입장에서 여러 업계의 고객들을 만나기 때문에 법률이라는 전문 지식만이 아닌 되도록 폭넓은 분야의 정보를 얻고자 노력하고 있습니다.

행동과 감정에도 '관성의 법칙'이 있다

삶에 의욕이 뚝 떨어지거나 의기소침해지면 여러분은 어떻게 극복하십니까?

'때가 되면 기운이 다시 생기겠지' 하고 가만히 기다리는 것도 한 가지 방법입니다. 그렇지만 사회 구성원의 한 명으로서 사회생활을 하다 보면 '의욕이 없으니 일을 못하겠다' 하고 그만둘 수는 없는 노릇입니다. 힘들어도 해야 하지요.

이럴 때는 어떻게 해결해야 할까요?

물질에는 '관성의 법칙'이 있습니다. 멈춰 있는 물체는 계속 멈춰 있으려고 하고, 움직이고 있는 물체는 다른 물리적인 힘을 가하지 않아도 계속 움직이는 현상을 관성의 법칙이라고 합니다.

인간도 마찬가지로 의욕이 없는 상태를 그대로 방치한다고 없던 의욕이 되돌아오지 않습니다. 무언가 힘을 가하지 않으면 안 되지요.

여기서 많은 사람이 의지를 가지려고 노력하면 의욕이 생길 것이라고 여기는 실수를 합니다. 실제로 정신 수양을 한답시고 의욕을 내려고 하면 오히려 역효과가 날 수 있습니다.

심리학에는 '생리적 각성에 의한 우성 반응의 강화'라는 개념이 있습니다. '생리적 각성'이란 정신을 집중하여 의식을 또렷하게 하는 것을 말합니다. 그리고 '우성 반응'이란 말 그대로 우위에 있어 자연스레 먼저 나타나는 반응입니다. 의욕이 없을 때라면 우성 반응은 '공부하기 싫다', '출근하기 싫다'와 같이 나타납니다.

그런데 마음을 다잡고 기합을 넣어 일부러 의욕을 내려고 하면 자신이 하고 싶은 일에 대한 욕구가 강해지는 성질이 발동하기 때문에 공부하기 싫고, 출근하기 싫은 감정(욕구)이 강화되고 맙니다.

이런 상황에 효과적인 대처법은 일단 감정은 방치해 두고 행동에 집중하는 것입니다. 즉 '무작정 시도해 보자'라는 말입니다. 감정은 일단 덮어두고, 몸을 움직이는 것입니다.

'어찌 됐든 참고서라도 펴 보자', '역까지 일단 나가자' 하는 식으로 큰 무리 없이 가능한 일부터 시작한다면 의욕이 없는 증상이 해소됩니다. 운동을 예로 들자면, '일단 스쿼트를 1회만 해 보자' 하는 식입니다.

인간은 감정에 의해 행동이 둔해지는 반면, 행동에 의해 사기가 높아지는 성질이 있습니다. 사람이 의기소침해지면 방 모퉁이에 쪼그리고 앉아 풀이 죽어 괜히 바닥만 쳐다보게 되는데, 이때는 위를 바라보는 것만으로도 감정에 변화가 일어납니다.

그리고 방방 뛰어다니면서는 침울해질 수 없다는 사실도 실감하게 되지 않을까요? 물론 우울할 때는 활발하게 있고 싶은 기분이 들지는 않습니다. 그러니 감정은 뒷전에 두고 억지로라도 우선 명랑하게 움직이는 것입니다.

회복이 빠른 사람은 모션motion이 이모션emotion에 미치는 영향을 알고 있습니다. 반대로 회복이 느린 사람은 이모션에 따라 모션을 맞추려 합니다. 그러면 '생리적 각성에 의한 우성 반응의 강화'의 덫에 걸리고 맙니다.

의욕이 없을 때는 부정적인 말보다 침묵을 해도 좋으니 '일단 해 보자' 하고 몸을 움직여야 합니다.

상대와의 거리로

관계를

컨트롤한다

누군가와 이야기를 할 때 '무턱대고 이렇게 가까이 와서 말을 하다니' 또는 '왜 저렇게 멀찌감치 떨어져서 말하는 거지?' 하는 인상을 받으신 적은 없으신가요?

사람에게는 저마다 커뮤니케이션에 가장 적합한 거리가 있습니다. 이를 '퍼스널 스페이스'라고 합니다. 본인이 쾌적하다고 느끼는 공간을 지키기 위해 누구나 무의식중에 거리를 두지요.

퍼스널 스페이스는 단계적으로 몇 개의 범위로 나누어져

있는데 일반적으로 다른 사람과 이야기할 때는 보통 1.5미터에서 2미터 정도의 거리를 두는 듯합니다.

여러분도 까다로운 대화 상대와는 거리를 두고 싶고, 연인과는 가까이 있고 싶을 것입니다. 이처럼 상대와의 거리는 관계성을 나타냅니다.

상대와 이야기를 할 때 상대의 퍼스널 스페이스에 무단으로 침입해 보십시오. 당신이 갑자기 1미터나 1.5미터 정도까지 가까이 다가갔을 때 상대가 한 걸음 뒤로 물러나거나 몸을 뒤로 젖힌다면 그 사람은 경계심이 강한 타입이라는 사실을 알 수 있습니다.

반대로 별다른 움직임 없이 자연스럽게 대화가 이어진다면 수월하게 커뮤니케이션이 가능한 타입임을 확인하게 됩니다.

퍼스널 스페이스 안으로 들어오면 마음의 거리도 가까워집니다. 그러나 퍼스널 스페이스는 사람의 방어 본능에 기초하고 있으므로 너무 가까이 들어오면 거부 반응을 일으키기도 합니다. 그럴 때는 어쩔 수 없이 거리가 가까워지는 상황을 설정해야 합니다.

저녁 식사 자리가 마련되었을 때 마주보고 식사했다면, 2차로 바Bar에 가서는 나란히 앉아 자연스레 거리가 가까워지도록 합니다. 그러면 상대를 정면에서 바라볼 때보다 거리가 가까워집니다. 이는 비즈니스 상황뿐만이 아닌 데이트에서도 사용할 수 있는 테크닉입니다.

그 밖에도 위와 아래의 위치 차이로 관계를 나타낼 수 있습니다. TV에서도 본 적이 있으실 텐데, 법정에서는 재판관이 높은 위치에 앉아 있습니다. 위에서 아래를 내려다봄으로써 권위를 발할 수 있기 때문입니다.

변호사인 저도 재판에서 상대측 증인에게 압박을 가할 때는 일어서서 증언대로 다가가 증인의 퍼스널 스페이스까지 들어선 후, 증인을 내려다보며 반대 심문을 합니다.

이렇게 상대와의 물리적 거리를 조정하면 관계성까지 컨트롤할 수 있습니다.

상대와의
물리적 거리를 조정하면
관계성까지
조정할 수 있다.

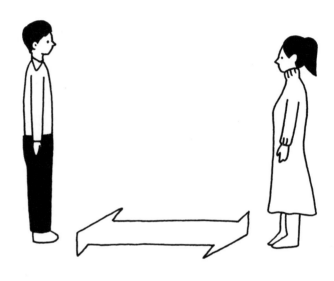

몸은

입만큼이나

많은 말을 한다

이야기를 듣는 직업의 대표 격으로 인터뷰어와 카운슬러를 들 수 있습니다. 둘 다 듣는 기술이 중시되는데, 두 직업의 가장 큰 차이점은 맞장구를 치는 횟수라고 합니다.

카운슬러는 인터뷰어보다 맞장구를 치는 횟수가 많다고 합니다. 카운슬러는 그다지 말이 많지 않은 사람의 속 이야기를 듣는 일이기 때문에 이야기를 들을 때 리액션이 무척 중요합니다.

그에 반해 TV 토론 프로그램에서는 맞장구를 전혀 치지 않습니다. 토론 참가자의 대부분은 상대의 발언 도중에 끼어들기는 해도 사회자 이외에는 맞장구를 치지는 않습니다. 그 상황을 바라보는 우리는 '이 사람들은 상대방의 말을 듣고 있기는 하는 건가?' 하는 생각을 누차 하게 되지요.

맞장구에는 '당신의 이야기를 듣고 있습니다', '이해하고 있습니다'라는 메시지가 담겨 있습니다. 말을 하지 않고도 상대에게 공감을 표현하는 것이지요.

그럼 이제부터는 상대의 이야기를 들을 때 주의해야 할 '잘못된 몸짓'에 관해 이야기하겠습니다.

1. 몸이 틀어져 있다

몸을 바르게 두지 않고 적에게 칼을 겨누어 든 것처럼 비스듬하게 틀어져 있으면 상대의 이야기를 비판적으로 듣고 있는 듯한 인상을 줍니다.

2. 몸을 흔들거린다

다리를 떠는 행동이 버릇일 수도 있지만 상대는 당신의 몸떨림이 신경 쓰여 대화에 집중하지 못합니다. 이 상태를 '대화의 뱃멀미'라고 부르기도 합니다. 의미도 없이 몸을 흔들면서 이야기를 들으면, 상대방을 피곤하게 합니다.

3. 팔짱을 낀 채로 듣는다

팔짱을 낀 자세는 '거부'를 나타냅니다. 상대의 이야기를 경계하는 심리 상태의 표현일지도 모르겠으나, 대화하는 상대는 불편함을 느낍니다.

4. 거만한 자세로 듣는다

연장자가 자신보다 어린 사람의 이야기를 들을 때 보이기 쉬운 행동으로, 몸을 뒤로 젖히고 듣는 모습입니다. 그럴 생각이 없더라도 '잘난 척하는 태도'로 보여 상대에게 좋은 인상을 주기 어렵습니다.

5. 머리카락을 만진다

여성에게서 두드러지게 나타나는 모습으로, 상대가 한창 이야기를 하고 있는데 머리카락을 만지고 있으면 상대를 얕보아서 집중하지 않는 듯한 인상을 줍니다.

6. 눈을 마주치지 않는다

'상대의 눈을 보지 않는 것'은 논외로 하고, '상대와 눈이 마주치면 곧바로 시선을 돌리는 행동'도 사람을 불쾌하게 합니다.

몸이 틀어져 있다.

몸을 흔들거린다.

팔짱을 낀 채로 듣는다.

거만한 자세로 듣는다.

머리카락을 만진다.

눈을 마주치지 않는다.

스마트폰을 만지작거린다.

말을 자른다.

7. 스마트폰을 만지작거린다

한창 이야기하는데, 중간에 스마트폰을 만지작거리면 상대의 이야기를 듣고 있지 않은 듯 보입니다. 최근에는 푸시 알림 기능이 있는 애플리케이션이 많아 무슨 연락이 들어왔는지 확인하고 싶어지기 때문에 더욱 주의해야 합니다.

8. 말을 자른다

상대의 말을 지레짐작하거나 말허리를 잘라 자신의 의견을 내세우면 상대는 자신이 존중받지 못할 뿐만 아니라 자신의 이야기를 들어주지 않는다고 느끼게 됩니다.

이야기를 듣는 자세는 상상 이상으로 상대가 당신의 인상을 결정짓는 데 관여합니다. 부디 상대의 눈을 보고, 적절하게 맞장구를 치며 이야기를 경청하시길 바랍니다.

물건이 아닌
경험을
팔아라

'백문이 불여일견이다'라는 말이 있지요. 아무리 자세하게 설명하더라도 사진을 보여주는 편이 효과적이며, 사진보다는 실제로 보여주면서 직접 만져보게 하면 고객은 상품을 더 쉽게 이해합니다.

이미 광고나 마케팅 업계에서는 실제 물건을 보여주고 만지게끔 해서 홍보하는 방법이 많이 활용되고 있지요.

백화점 식품 판매대에서 행해지는 시식 코너가 그렇습니다. 화장품 판매를 할 때는 실물 크기의 샘플을 보여줍니다. 학원에서는 무료로 수업을 체험하게 해서 학생들을 모집하고, 주택을 판매할 때는 현장 답사 프로그램을 개최합니다. 그런가 하면 자동차 판매 업계에서는 시승회에 초대하지요.

사람은 지식이나 정보보다 체험에 강렬한 인상을 받습니다. '물건이 아닌 경험을 팔라'라는 말이 생긴 이유도 이 때문입니다. 어떤 호텔의 꼭대기 층에 있는 레스토랑에서 음식 사진에 심혈을 기울여 메뉴판을 만들었습니다. 거기에 '체험'과 관련한 요소를 더하기 위해 '야경 감상은 덤!'이라는 카피와 함께 야경 사진을 추가한 결과, 매상이 큰 폭으로 올랐다고 합니다.

또 사람은 감각을 기억합니다. 예전에 먹었던 라면이 또 먹고 싶을 때, 우리는 라면의 맛을 정확하게 기억하는 것이 아닙니다. '라면이 맛있었다'라는 감각을 기억하고 있는 것이지요. 이렇듯 체험은 분명한 인상을 남길 수 있습니다.

그리고 사람은 물건을 만지거나 직접 경험하면 소유하고 싶어집니다. 상품을 손으로 만져보게 했을 때 더 팔기 쉬워지는 이유도 이 때문입니다.

커뮤니케이션에서도 '터치'는 효과가 있습니다. 단 상황에 따라서 무례하게 보일 수도 있으니 주의해야 합니다.

악수는 거부감 없이 터치할 수 있는 수단입니다. 서로 손을 잡고 힘껏 흔드는 악수는 유대감을 강하게 합니다.

상대방의 마음에
다리를 놓는
심리 테크닉

비의식적인 모방을 통해 상대와 의식을 교류할 수 있는데 이를 심리학에서는 '라포르^{rapport}'라고 말합니다.

라포르는 '친밀한 관계', '두 사람 사이의 상호 신뢰 관계' 등으로도 표현됩니다. 프랑스어로는 '다리를 놓다'라는 의미가 있지요.

당신이 어떤 사람과 교제하는데 서로를 신뢰하고, 함께 있을 때 즐겁다고 느낀다면 둘 사이에는 라포르가 형성되어 있다고 할 수 있습니다.

여기서는 라포르를 형성하는 테크닉에 대해 소개하겠습니다.

라포르 형성 테크닉1. 미러링 mirroring

'미러링'이란 상대의 몸짓이나 자세를 거울로 비추듯이 따라 하는 테크닉입니다.

라포르를 형성하고 싶은 대상과 당신이 카페에서 커피를 마시며 대화하고 있는데 상대가 커피를 마시기 시작하면 당신도 따라서 커피를 마시는 행동을 말합니다.

세상에는 서로 굉장히 닮은 부부가 많습니다. 이것은 처음부터 닮은 사람끼리 결혼했다기보다 오랫동안 무의식중에 서로를 미러링한 결과, 닮아간 것이라고 할 수 있습니다.

라포르 형성 테크닉2. 페이싱 pacing

'페이싱'이란 상대의 말투나 말의 리듬을 따라 하는 테크닉입니다. 미러링이 '상대의 몸짓'을 모방하는 데 반해 페이싱은 '상대의 말'을 모방하는 것입니다.

페이싱은 상대가 천천히 말하면 똑같이 천천히 말하고, 상대가 빨리 말하면 똑같이 빨리 말하는 것입니다.

라포르 형성 테크닉3. 캘리브레이션 calibration

'캘리브레이션'이란 상대의 심리 상태를 언어 이외의 사인으로 인식하는 테크닉입니다. 언어 이외의 사인으로는 자세, 호흡, 표정, 목소리 톤 등이 있습니다.

예를 들어 말로는 아무리 "괜찮다"라고 할지라도 목소리 톤이나 얼굴색을 보아 상대가 무척 피곤하다는 사실을 알아챌 수 있습니다. 이러한 사인을 파악하여 그 사람에게 "조금 쉬는 편이 좋겠어요" 하고 이야기하는 것이 캘리브레이션입니다.

말로는 드러나지 않는 매우 미세한 변화로부터 상대의 기분을 알아챔으로써 쉽게 신뢰 관계를 맺게 됩니다.

라포르 형성 테크닉 4. 백트래킹 backtracking

'백트래킹'이란 상대가 한 말을 그대로 흉내내는 것입니다. 상대가 한 말을 그대로 다시 한 번 반복하여 말함으로써 자신이 상대의 이야기를 듣고 있으며 충분히 인식하고 있다는 사실을 어필할 수 있습니다. 특히 상대가 무게를 두고 이야기하는 타이밍에 지혜롭게 활용하면 훨씬 효과적이지요.

예를 들어 '상대가 사과를 받아주지 않는다'라는 말을 들었을 경우 다음과 같이 백트래킹을 할 수 있습니다.

1. 그대로 백트래킹

"상대가 사과를 받아주지 않나요?"

2. 공감의 마음을 담은 백트래킹

"상대가 사과를 받아주지 않는군요. 어쩜 좋아요."

3. 숙련된 백트래킹

"상대가 사과를 받아주지 않는군요. 안타깝네요. 그래도 당신의 진심은 전해졌을 거예요. 제가 응원할게요!"

백트래킹에도 다시 건네는 말의 숙련도에 따라 라포르의 강도가 달라집니다. 라포르가 '비의식적인 모방'이라고 불리듯이 이론이라기보다는 감각입니다. 또한, 테크닉을 남발하면 오히려 신뢰를 잃을 수도 있으므로 주의하여 사용해야 합니다.

이번 장에서는 언어 이외의 커뮤니케이션인 비언어적 커뮤니케이션에 관해 소개했습니다. 언어가 없더라도 충분히 의미를 전달할 수 있다는 사실을 깨닫지 않으셨나요?

커뮤니케이션은 말로만 하는 것이 아닙니다.

Part 4

파워
퀘스천

**침묵으로
유연하게 리드하라**

질문할 때는

'QAS 법칙'

저는 대화를 할 때 질문을 굉장히 중시합니다.

대화는 자신의 발언과 상대의 발언으로 이루어집니다. 어느 한쪽만 계속 말을 해서는 대화가 성립되지 않지요. 그러므로 대화에서 상대방의 발언을 이끌어내는 일도 굉장히 중요한데, 상대의 말을 끄집어내려면 질문이 필요합니다.

상대의 발언을 이끌어내기 위해 중요한 사항은 '질문을 했다면 꼭 침묵해야 한다'라는 점입니다. 이를 '퀘스천 앤드 사일런스, QAS Question And Silence'라고 합니다.

그중에는 상대에게 질문을 했음에도 불구하고 질문에 대한 답을 하기도 전에 또 다른 질문을 퍼붓거나 다른 말을 이어가는 사람이 있습니다. 그러면 어떻게 될까요?

상대가 답을 할 수 없으니 아무런 정보도 얻지 못하게 되지요.

다음과 같은 대화를 상상해 봅시다.

> A : 여름휴가 때 어디 다녀왔어요?
>
> B : 아, 그게….
>
> A : 그런데 더워도 너무 덥지 않았어요?
>
> B : 네, 맞아요.
>
> A : 앞으로 매년 여름이 이렇게 더우면 어쩌죠?

문장으로 써서 보니 분명하게 알게 되셨을 텐데, 상대가 대답하기도 전에 다른 질문을 한다면 "여름휴가 때 어디 다녀왔어요?"라는 맨 처음 질문은 이 대화에서 전혀 의미 없는 질문이 되어 버립니다.

우리는 질문을 받으면 그 질문에 대한 답을 하려고 합니다. 위의 대화에서도 B 씨는 여름휴가 때 어디를 다녀왔는지 대답하려고 했을 것입니다. 그런데 질문에 대한 답을 하기도 전에 다음 화제로 넘어가 버리니 A 씨가 B 씨의 사고를 단절시

켜버린 꼴이 되었습니다.

상대에게 질문을 해서 기껏 답변을 생각하게 하고는 그 사고를 중단시키고 다른 화제로 이동한 것입니다. 대단히 무례한 언사지요.

질문을 했다면 그 질문에 상대가 대답할 때까지 침묵하며 기다려야 합니다. 바로 QAS 법칙입니다.

거듭해서 질문할 때도 마찬가지입니다.

A : 올해 여름휴가 때 어디 다녀왔어요?

B : 아, 그게….

A : 그러고 보니 작년에는 제주도에 다녀왔다고 하지 않았나요?

B : 기억력이 좋으시네요. 제주도를 워낙 좋아해서요.

이렇게 상대가 질문에 대한 대답을 생각하고 있는데 다른 질문을 해 버리면 상대의 사고는 역시 중단되고 다음 질문에 대한 답변을 하고자 합니다. 이 또한 질문하는 방법에 반하는 상황입니다.

질문을 했다면 상대가 대답할 때까지 충분히 침묵을 지키고, 상대의 답을 들은 후에 다음 질문으로 넘어가야 합니다.

QAS 법칙은 잘못 질문한 경우를 제외하고는 예외가 없습니다.

너무 추상적인 질문을 해서 상대가 대답하기 곤란해하거나, 자기도 모르게 유도 질문을 해서 "이런 질문을 하려고 했던 건 아니었는데!" 하는 경우 말입니다. 이럴 때는 "죄송해요, 대답하기 곤란하시겠네요" 하고 질문을 다시 하는 편이 좋습니다.

질문에는 대다수의 사람이 깨닫지 못하는 4가지 힘이 있습니다. 당신은 질문이 지닌 4가지 힘이 무엇인지 알고 계신가요? 지금부터 설명하겠습니다.

질문이 지닌

4가지

힘

질문에는 다음의 4가지 힘이 있습니다.

1. 사고를 유발한다.
2. 사고의 방향을 유도한다.
3. 말하게 한다.
4. 발언한 내용으로 행동을 속박한다.

하나씩 살펴봅시다.

1. 사고를 유발한다

잠시 기억을 더듬어 보시기를 바랍니다. 첫사랑이 언제였는지 기억하십니까?

당신은 지금 이 책을 읽으며 대화에서 침묵이 지니는 역할에 관해 살펴보고 있습니다. 그런데 "첫사랑이 언제였는지 기억하십니까?"라는 질문을 받고 첫사랑을 아주 잠깐이라도 생각하게 되지 않으셨나요?

본래 생각하고 있던 흐름과 전혀 다른 사항일지라도 질문을 받으면 어쨌든 그 질문에 대한 답을 떠올리기 시작합니다. 즉, 질문에는 '사고를 유발하는 힘'이 있지요.

따라서 '상대가 생각해 주었으면 하는 내용에 관하여 질문'하면 좋습니다. 배우자가 자녀의 미래에 관해 함께 고민해 주길 원한다면 "당신은 아이의 미래에 관심도 없지!"라고 해서는 안 됩니다.

이는 개인을 공격하는 일입니다. 공격을 받으면 사람은 당연하게 자신을 보호하려 합니다. "뭐라고? 당신도 마찬가지잖아!" 하며 대화가 서로의 인격에 대한 공격으로 번져갈 것이 불 보듯 뻔합니다.

원래 목적은 부부가 함께 자녀의 미래에 대해 고민하는 것이었습니다. 그렇다면 질문을 통해 배우자의 사고를 유발해 봅시다.

"아이의 미래를 위해 지금부터 우리가 할 수 있는 일은 없을까?"라고 질문을 하면 "그러게, 뭐가 있을까?" 하며 생각이 시작될 것입니다.

또 상대가 머릿속에 그림을 그려보게 하고 싶을 때도 질문으로 유도할 수 있습니다.

만일 당신이 부동산 회사의 영업 사원으로 고객에게 맨션을 판매하고 있다면 "이 집은 인기가 많아서 오후에 다른 분께도 보여드리기로 약속이 되어 있습니다. 결정을 빨리하시는 편이 좋습니다"와 같이 말할 수도 있을 것입니다.

하지만 그보다 "이 방은 거실용인가요? 아니면 침실인가요?", "침대는 어디에 두실 예정이신가요?" 하고 고객에게 구입 후의 상황을 상상하게 하는 질문을 던짐으로써 '내가 이 집의 소유주'라는 사고를 유발하는 편이 좋습니다.

바로 이것이 질문의 '사고를 유발하는 힘'입니다.

2. 사고의 방향을 유도한다

자녀가 시험에서 좋은 성적을 거두지 못했을 때 "왜 이것밖에 못했니?" 하고 혼을 내면 아이는 '나는 왜 이렇게 머리가 나쁜 걸까?' 하는 생각을 하기 시작합니다.

이에 반해 "다음 시험에서라도 좋은 점수를 얻으려면 어떻게 해야 한다고 생각하니?"와 같은 질문을 하면 아이는 '역시 예습, 복습을 해야 하나? 아니면 학원에 다녀야 할까?' 하는 생각을 하기 시작합니다. 질문하는 방법에 따라 사고의 방향이 완전히 달라집니다.

마찬가지로 실수를 반복하는 부하 직원에게 "실수가 이렇게 잦아서야 되겠어?" 하고 다그치면 '나는 이제 어떻게 되는 걸까? 잘리려나?' 하는 생각을 하게 될 것입니다. 하지만 "이번 실수를 막을 수 있는 방법은 무엇이었다고 생각하지?", "같은 실수를 반복하지 않으려면 지금 무엇을 준비해야 할까?"와 같이 질문하면 재발 방지를 위한 행동에 돌입할 것입니다.

이것이 질문으로 상대의 사고 방향을 유도하는 법입니다.

따라서 질문을 할 때는 상대의 사고가 흘러가길 원하는 방향으로 질문하는 것이 중요합니다.

3. 말하게 한다

우리는 일단 질문을 받으면 그 질문에 대한 답을 해야 무례하지 않다고 여겨 기어이 답을 하고야 맙니다.

질문을 받았는데 무시하기란 무척 어려운 일이지요. 무슨 말로든지 답을 하려고 합니다. 곧 침묵하지 못하고 말을 한다는 것입니다.

그러므로 상대가 무슨 발언이든 해 주기를 바란다면 질문을 하면 됩니다.

4. 발언한 내용으로 행동을 속박한다

우리는 어떤 말을 뱉고 나면 그 발언에 모순된 행동을 하기 어려워집니다. 예를 들어 회의에서 A안과 B안이 상정되었다고 합시다. 별생각 없이 "A안이 좋은 것 같아"라고 발언했다면 나중에 B안으로 마음이 기울어도 이를 정정하기가 어려워집니다. 자존심이 허락하지 않기 때문입니다.

그러므로 상대의 행동을 속박하고 싶다면 상대에게 질문해서 발언을 하게끔 하면 됩니다.

"내 생일 파티 때 꼭 와 줘"처럼 말만 하기보다는 "내 생일 파티 때 와 줄 거지?" 하고 질문을 해서 "응"이라는 대답을 하도록 하고, "몇 시 정도에 올 거야?"라는 질문으로 "음… 3시 정도?"라는 확답을 받아 두는 것입니다. 그렇게 하면 실행 없이 말뿐인 경우보다 생일 파티에 참석할 확률이 훨씬 높아집니다.

질문을 할 때는 이 4가지 힘을 어떻게 활용할지가 중요한 포인트가 됩니다.

질문으로

이룰 수 있는

6가지 성과

질문에는 목적이 있습니다.

목적이 없는 질문은 상대를 혼란스럽게 하고 그 대답을 들은 자신에게도 이로울 것이 없습니다.

예를 들어 비즈니스 미팅 자리에서 "취미가 뭐예요?"와 같이 요점에서 벗어난 질문을 하면 상대는 기가 차서 미팅을 대충 끝내고 말 것입니다. 신뢰 관계가 생긴 후라면 "피부가 탄 것 같은데, 휴일에 어떤 운동을 하시나요?"와 같은 질문을 해도 괜찮겠지요.

그 밖에도 똑같은 질문을 몇 번이고 반복하거나 인터넷에서 검색만 해도 알 수 있는 시답잖은 질문을 하는 사람도 상대를 짜증나게 만들고 맙니다.

질문은 그저 떠오르는 생각을 묻는 것이 아닙니다. 목적에 따라 질문의 방법도 달라져야 하지요. 질문으로 이룰 수 있는 성과는 크게 다음의 6가지입니다.

1. 정보를 이끌어낸다.
2. 호감을 얻는다.
3. 사람을 움직인다.
4. 사람을 키운다.
5. 논쟁에서 승리한다.
6. 자신을 컨트롤한다.

하나씩 짚어 봅시다.

1. 정보를 이끌어낸다

대부분의 사람은 질문을 할 때 가지고 있는 목적이 있습니다. '알고 싶은 정보에 대해 질문하여 알아내리라'라는 것도 일종의 목적입니다. 정보를 이끌어내려면 적절하게 질문을 해야 하지요.

물론 '누구에게 질문해야 정보를 얻을 수 있을까?'에 대한 고민도 필요합니다. 또 상대가 어딘가에 집중하고 있어서 바쁠 때는 질문해 봤자 진지한 답변을 들을 수 없습니다. 적절한 타이밍에 질문하는 것도 중요하지요. 또한, 적절한 내용을 물어야 합니다. 상대가 쉽게 대답할 수 있을 법한 질문 말입니다.

2. 호감을 얻는다

우리는 자기 자신에 대해 이야기하는 것을 좋아합니다. 대화에서 가장 많이 언급되는 단어는 '나', '내가'처럼 자기 자신을 가리키는 말입니다. 자랑을 하거나 재미있는 이야기를 하는 일은 즐겁습니다.

상대에게 호감을 얻고 싶다면 상대방에게 관심을 가지고 질문해야 합니다. 예를 들면 상대와의 공통점을 찾기 위해 "어느 지역 출신이세요?" 하고 묻고, "그렇군요! 저도 거기에서 살았어요!" 하며 거리를 좁혀가는 것입니다. 이때 질문은 대단히 유용합니다.

3. 사람을 움직인다

앞서 소개한 질문의 4가지 힘을 활용하면 가능합니다. "다음주 프레젠테이션에서 성과를 거두기 위해 지금 준비해야 할 일은 무엇인가요?" 등과 같이 상대가 행동하도록 유도할 수 있습니다.

4. 사람을 키운다

질문의 4가지 힘에서 '사고의 방향을 유도한다'를 활용한 질문을 함으로써 자녀나 부하 직원의 사고를 유도하고 키워 나갑니다.

예를 들어 부하 직원이 실수했을 때 "어째서 이런 일도 해결하지 못해?"라고 다그치기보다 "다음번에 같은 실수를 하지 않으려면 어떻게 해야 할까?" 하고 질문해서 성장을 촉진시킵니다.

5. 논쟁에서 승리한다

토론에서는 '질문에 강한 쪽이 이긴다'라고 합니다. 토론이란 자신의 주장을 강력하게 펼쳐 상대의 주장을 약화시키는 것을 목표로 하는 싸움입니다. 상대편의 논리적 약점을 찾아 자기편 주장의 논리를 보강하여 질문하면 상대편 논리의 모순을 발견할 수 있지요. 또 질문하는 동안에는 자신이 논리 모순에 빠질 일은 없습니다.

고대 그리스의 철학자 소크라테스가 토론에서 굉장히 강했던 이유는 항상 질문하는 쪽에 있었기 때문입니다.

6. 자신을 컨트롤한다

질문은 타인에게만이 아닌 자신에게 하는 것이기도 합니다. 생각하는 행동 자체는 '자신에게 질문하는 것'에서 비롯합니다. 예를 들어 '좀 더 편안하게 지내려면 어떻게 해야 좋을까?' 하고 자기 자신에게 질문하면 편안하게 사는 방법만 생각납니다. 하지만 '편안한 삶을 계속 유지하려면 어떤 방법을 생각할 수 있을까?' 하고 자문하면 여러 모양으로 궁리해볼 수 있지요.

마찬가지로 '어째서 나는 이렇게 불행한 걸까?' 하고 질문하기보다 '현재 내가 행복하게 느끼는 것은 무엇일까?' 하고 질문하는 편이 인생을 더욱더 풍요롭게 합니다.

대답하기 쉬운
질문으로
정보를 얻는다

옛날 형사 드라마를 보면 취조실에서 "네가 했잖아!" 하고 형사가 용의자를 윽박지르는 장면이 나옵니다. 그런데 그렇게 위협한다고 해서 용의자가 바로 "죄송합니다! 모두 제가 한 짓입니다"라고 실토하는 전개로 이어지지는 않습니다.

그런가 하면 형사가 범인에게 밥을 먹이면서 "집에 계신 어머니가 슬퍼하실 거야"라고 말한 후에 침묵하면 범인이 눈물을 흘리며 자백하는 장면이 나오기도 합니다.

돌아보면 뻔한 연출로 보이기도 하지만 강압적으로 자백

을 얻어내는 것보다 침묵을 이용하는 편이 효과적이라는 사실은 예나 지금이나 변하지 않는 듯합니다.

대화 상대로부터 정보를 얻어내려면 질문을 하고 상대가 대답할 때까지 침묵하는 QAS(퀘스천 앤드 사일런스)가 중요합니다. 하지만 그것만으로는 충분하지 않습니다.

① 적절한 상대에게, ② 적절한 타이밍에, ③ 적절한 질문을 하는 것이 중요합니다.

1급 건축사에게 상속세에 관련된 질문을 한다면 유익한 정보를 얻을 리 만무합니다. 상속세에 관해 알고 싶다면 세금 전문가인 세무사에게 질문해야 적절한 대답을 들을 수 있지요. 질문할 때는 항상 '이 사람에게 이 질문을 하는 것이 적절한가? 더 적합한 사람은 없는가?' 하고 자기 자신에게 묻고, 알맞은 상대를 찾아야 합니다.

또 질문하는 타이밍도 반드시 고려해야 합니다. 상사에게 일의 처리 순서에 대해 질문하려고 하는데, 마침 상사가 외근을 나가려고 분주히 이것저것 챙기고 있다고 합시다. 그럴 때는 질문해 봤자 "그런 것쯤은 스스로 생각해서 진행해야지"와 같은 대답을 듣기 십상입니다. 차분하게 숙고하여 대답해 주기는 곤란할 것입니다. 그러므로 질문할 대상의 상황을 잘 살피고 정보를 충분히 얻을 법한 기회를 노려 질문하는 것이 중요합니다.

그리고 가장 중요한 사항은 '적절한 질문'을 하는 것입니다. 예를 들어 친구에게 "내 단점이 뭐라고 생각해?"라고 질문하더라도 "네 단점은 거짓말을 하는 거야" 하고 말해 주는 일은 거의 없을 것입니다. 왜냐하면 대답하기 어려운 질문이기 때문입니다. 그보다는 "나를 조금씩 바꿔가려고 하는데, 주변 사람들에게 호감을 얻으려면 어떻게 하면 좋을까?"라고 우회적으로 질문하는 편이 상대도 편하게 대답할 수 있습니다.

혹은 영업 경쟁에서 떨어졌을 때 "저희 회사의 어떤 점이 불만족스러우셨나요?" 하고 고객에게 직접 물어봤자 "글쎄요. 특별히 불만은 없었어요" 하는 대답만 돌아올 뿐이겠지요. 고객의 입장에서도 구태여 부정적인 말을 해서 언짢게 하고 싶은 마음은 없을 테니 말입니다.

그럴 때는 상황을 반대로 바라보고 "이번에 ○○사(라이벌 회사)를 선택하게 되신 가장 큰 포인트는 무엇인지요? 저희 회사의 발전을 위해 알려주시면 좋겠습니다!" 하면 "그래요. 우선 풋워크가 좋았기 때문에 앞으로의 동향도 기대가 되었습니다"와 같은 대답이 돌아올 가능성이 커집니다. 그렇게 듣게 된 대답을 거꾸로 반영하면 탈락의 이유를 추측할 수 있지요.

이렇듯 원하는 정보에 관하여 질문할 때는 상대가 대답하기 쉬운 질문을 하는 것이 포인트입니다.

또 유익한 정보를 얻어내려면 효용 없는 질문도 피해야만 합니다. 예를 들면 상대에게 질문하고서 상대가 대답하는 그 순간 "그건 무리야!", "이해할 수 없는걸" 하고 부정해 버리면 상대는 앞으로 유익한 정보를 주지 않습니다.

상대에게 질문해서 대답을 얻었다면 그 대답을 존중해야 합니다. 반대 의견을 드러내는 일은 그 후에 해도 충분합니다.

또 QAS 법칙도 지켜야 합니다. 질문했다면 상대가 대답할 때까지 침묵해야 합니다. 되도록 상대가 대답하기 전에 추가로 질문을 하거나 화제를 돌리지 않기를 바랍니다.

'좋은 질문'으로
상대에게
호감을 얻는다

사람들에게 호감을 얻으려면, 먼저 사람들에게 호감을 느껴야 한다고 합니다. 사람은 '자신의 이야기를 주의 깊게 들어주는 상대'에게 호감을 느낍니다.

상대의 이야기를 들으려면 질문을 해야 합니다. 질문을 하고 상대가 대답할 때까지 침묵을 지키면 인간관계를 원만하게 유지할 수 있습니다.

좋은 인간관계를 맺으려면 상대에게 호감을 얻느냐 얻지 못하느냐가 관건인데 질문을 효과적으로 사용함으로써 상대의 호감을 얻어내기도 합니다.

먼저, 우리는 '자신과 상대와의 공통점'을 발견하면 호감을 느낍니다. 예를 들어 "어떤 취미를 가지고 계신가요?" 하는 질문에 상대가 "등산을 좋아해요"라고 대답했다고 합시다. 그런데 당신의 취미도 등산이라면 어떨까요? "그렇군요! 저도 매주 산에 오르고 있어요. 다음에 함께 등산하면 어떠세요?" 하면 금세 분위기가 달아오르고 서로 간의 거리도 좁혀질 것입니다. 이렇게 상대방과의 공통점을 찾기 위해 질문을 하고 공통점을 발견한 뒤, 그 화제를 좀 더 다루면서 상대의 호감을 얻어냅니다.

또 우리는 타인으로부터 인정이나 칭찬을 받는 것을 좋아합니다. 자신의 의견에 늘 부정적으로 반응하거나 어쩐지 부딪치고 싶지 않은 사람은 호감을 얻기 힘들지만, 항상 칭찬해주는 사람에게는 호감이 갑니다. 상대방이 잘하는 부분을 발견하여 칭찬해 주면 상대의 호감을 살 수 있습니다.

상대가 스스로 자부심을 가질 만한 점을 찾으려면 역시 질문을 해야 합니다. 지금까지 상대방이 무슨 일을 하며 살아왔는지, 어디서 어떤 성과를 내었는지, 무엇을 가치 있게 여기는지 등을 질문하고, 칭찬할 부분을 발견하면 주저하지 말고 마음을 다해 칭찬해줍시다. 그러면 상대의 자존심이 충족되어 분명 당신에게 호감을 표현할 것입니다.

게다가 호감에는 '반보성의 법칙'이 작용합니다. 자신을 싫어하는 사람에게는 똑같이 좋지 않은 마음을 품지만, 자신에게 호의를 베푸는 사람에게는 똑같이 호감을 느끼기 마련입니다. 그러므로 상대에게 호감과 흥미를 지니고 적극적으로 질문해야 합니다. 그러면 반보성의 법칙에 따라 당신도 호감을 얻게 될 것입니다.

자신은 상대를 싫어하면서 상대에게는 호감을 얻고자 한다면 그것이 통할 리 없습니다. 테크닉만 사용해서는 상대에게 본심을 들켜버리기 때문이지요. 상대에게 진심 어린 호감을 표하려면 어떻게 해야 좋을까요?

이때도 질문을 활용합니다. 자기 자신에게 '이 사람이 나보다 훌륭한 점은 무엇일까?', '이 사람의 장점은 무엇일까?' 하는 마음으로 질문하는 것입니다. 그러면 상대의 좋은 점이 눈에 들어오게 되어 쉽게 호감을 느낄 수 있습니다.

질문으로

상대의 대답을

동여매는 방법

질문에는 대답하기 쉬운 질문과 대답하기 어려운 질문이 있습니다. 대답하기 어려운 질문이란, 의미를 파악하기 힘든 질문을 말합니다. 예를 들어 취업 면접에서 "앞으로 어떤 일을 하고 싶습니까?"와 같은 질문은 대답하기 곤란한 질문입니다. 질문을 받은 쪽에서는 취업 면접 자리이니 이 회사에서 어떤 일을 맡고 싶은지를 묻는 의도인지, 아니면 시야를 넓혀서 일반적인 의미를 묻는 의도인지 혼란스러워집니다.

만일 "회사에 공헌할 수 있는 일을 하고 싶습니다"라고 대답했는데 면접관이 '구체적이지 않은 대답'이라고 판단한다면 채용 기회를 날리는 본전도 못 찾은 셈이지요.

적절한 질문이란 상대가 대답하기 쉬운 질문을 말합니다. 대답하기 수월한 질문을 하기 위해 '개방형 질문'과 '폐쇄형 질문'에 대해 알아두면 좋습니다.

'개방형 질문'은 "지금 기분이 어떻습니까?"와 같이 자유롭게 떠오르는 생각을 묻는 질문입니다. 반면 '폐쇄형 질문'은 "오늘 회의에 출석하십니까?"와 같이 '네' 또는 '아니요'로 대답해야 하는 질문으로 설명되는 경우가 많은 듯합니다.

하지만 사실 '개방형 질문'과 '폐쇄형 질문'은 양자택일로 구분되지 않습니다. 질문에 어느 정도 제한을 두어야 하는지, 어떤 방향의 질문을 해야 하는지에 따라 사용법은 한계 없이 확장될 수 있기 때문입니다.

예를 들어 "침묵에 대해 어떻게 생각하시나요?"라는 질문은 '상대가 침묵을 어떻게 생각하는지 자유롭게 듣고 싶다'라는 의도로 던진 질문입니다.

그런데 질문의 방법을 바꿔서 자유로운 사고를 제한할 수 있습니다. 예를 들어 "대화할 때 침묵을 효과적으로 사용하려면 어떻게 해야 좋을까요?"라고 질문을 하면 대답은 '대화 중 침묵의 유효성'으로 제한됩니다. 단순히 '개방', '폐쇄'로 구분지을 수 없는 것이지요.

사고의 방향성도 바꿀 수 있습니다. "대화 중에 침묵해서는 안 되는 경우란 어떤 상황을 말하는 것일까요?"라고 질문하면 조금 전과는 전혀 다른 사고를 하게 됩니다.

또 사고의 자유로움을 더욱 제한하기도 합니다. "대화 중에 긴 침묵을 효과적으로 사용하려면 어떻게 해야 할까요?"라는 질문에서는 단순한 침묵이 아닌 '긴 침묵'으로 사고가 제한되었습니다.

이렇게 질문으로 제한을 걸어 자유로운 사고를 얼마든지 조정할 수 있습니다. 칼로 쪼개듯 '개방형 질문'과 '폐쇄형 질문'으로 나누어지는 개념이 아닙니다.

따라서 질문을 할 때는 다음 2가지를 기억하는 것이 중요합니다.

1. 상대가 어느 정도로 자유롭게 생각하기를 원하는가?
2. 사고의 방향성을 어떻게 제한하고 싶은가?

폐쇄형 질문은 대답이 자신이 상정한 범위 안에서 나오도록 제한하는 기능을 합니다.

예를 들어 "A 점포의 매출이 떨어지고 있는데 가게 이전을 해야 한다고 생각합니까?"라는 폐쇄형 질문을 던지면 "이전하는 편이 좋다고 생각합니다" 아니면 "이전하지 않는 편이 좋다고 생각합니다"라는 범위 안에서 대답이 돌아옵니다.

하지만 상대가 "○○이라는 방법을 취하면 매출이 회복되지 않을까?" 하는 의견이 있을지라도 그 의견을 듣지 못할 가능성이 있습니다. 이는 질문한 사람이 상정한 범위 밖의 대답이기는 하지만 이러한 피드백은 어느 정도 열린 질문이지 않으면 얻을 수 없는 대답입니다.

이럴 땐 "A점포의 매출이 떨어지고 있는데 어떻게 하면 좋을까요?"와 같이 제한을 어느 정도 걷어낸 질문을 하면 매출 회복에 관한 의견도 들을 수 있을 것입니다.

그러므로 개방형 질문과 폐쇄형 질문은 그때그때 유연하게 활용하는 지혜가 필요합니다.

5W1H 중
가장 조심해야 할
것은?

정보에서 정확성은 매우 중요한 요소입니다.

만일 '가족이 교통사고를 당했다'라는 연락을 받았다고 합시다. 아무리 심각한 상황이라도 '가족 중 누가', '어디에서', '어떤 사고를 당했으며', '현재는 어떤 상황인지' 알지 못하면 대응하기 어렵습니다.

정확한 정보를 얻으려면 5W1H를 활용해야 합니다. 5W1H란 질문의 기본형으로 '언제^{When}', '어디에서^{Where}', '누가^{Who}', '무엇을^{What}', '왜^{Why}', '어떻게^{How}'를 말합니다.

5W1H를 활용하면 자유롭게 질문을 만들어낼 수 있습니다.

- 언제 일이 시작됩니까?
- 현장은 어디입니까?
- 이번 일은 누구와 함께합니까?
- 무엇을 하는 일입니까?
- 왜 이 일을 합니까?
- 이 일은 어떻게 진행합니까?

5W1H를 활용하여 이와 같은 질문을 만들어 내는데, 그중에서 딱 하나, 바로 '왜Why'는 주의해서 사용해야 합니다.

일상적인 대화에서 '왜Why'를 사용할 때는 주의가 필요한데, 다음과 같은 경우를 살펴봅시다.

A : 왜 이 일에 지원했습니까?
B : 의류 관련 일을 해 보고 싶었기 때문입니다.
A : 왜 의류 쪽 일을 해 보고 싶었죠?
B : 옛날부터 멋진 일이라고 생각했습니다.
A : 왜 멋있다고 여겼을까요?
B : 패션이 흥미가 있었습니다.
A : 왜 패션에 흥미를 갖게 되었나요?

B : ….

위의 대화처럼 '왜?'라는 질문을 반복하면 대답하는 쪽에서는 굉장히 스트레스를 받습니다. 그 이유는 '왜?'라는 질문에 대한 대답은 "왜냐하면…"으로 시작되는 논리적인 답을 요구하기 때문입니다. 논리적인 대답을 하려면 머리를 열심히 굴려야 하고 뇌에 부담이 더해집니다. 뇌에 부담을 주는 '왜?'가 반복되면 스트레스를 받습니다. 자녀가 부모에게 '왜?'를 연발하면 귀찮아지는 이유도 바로 이 때문입니다.

그러므로 일상 대화에서 '왜?'는 되도록 연발하지 않도록 주의해야 합니다. 그렇다면 계속해서 '왜?' 하고 묻고 싶을 때는 어떻게 해야 할까요?

5W1H 중 다른 요소의 힘을 빌리면 해결됩니다. "왜 의류 관련 일을 해 보고 싶었나요?"라는 질문을 이어서 하고 싶어졌다면 다음과 같이 '왜?'를 제외한 4W1H 중 하나로 바꿔서 질문하면 상대가 대답하기 쉬워집니다.

- 언제부터 의류 관련 일을 해 보고 싶다고 생각했습니까?
- 누구의 영향으로 의류 관련 일을 하고 싶다고 생각했나요?
- 의류 관련 일의 어떤 부분이 마음에 드셨나요?

'왜?'는 논리적인 대답을 요구하므로 일상의 대화에서는 '요주의 의문사'로 꼽히지만 반대로 말하면 논리적인 대화가 요구되는 상황에서는 '왜?'의 적극적인 활용이 필요합니다.

- 왜 이번 일에 실수가 발생했습니까?
- 왜 이 서류가 다른 서류와 혼재되어 있나요?
- 왜 발송 전 확인 작업에 태만했습니까?

이처럼 원인을 규명해야 할 때는 논리적으로 시시비비를 가려야 할 필요가 있습니다. '왜?'를 사용하여 끝까지 파고들어 가는 자세가 중요합니다.

대화하는 상황에 따라 이렇게 5W1H를 효과적으로 활용하도록 합시다.

악용 금지!

유도 질문의

엄청난 힘

상대에게 질문을 하고 정답을 맞추게 하고 싶을 때 우리는 힌트를 주는데, 힌트를 주는 방법을 잘 사용하는 사람과 그렇지 못한 사람이 있습니다.

예를 들어 노래 제목 맞추기를 할 때 '라라라, 라라라…' 하며 멜로디를 따라 부르는 사람이 있는데 그렇게 해서 정답을 맞추는 경우도 있지만 음치라서 잘 알아듣지 못할 때도 있습니다. 좋은 힌트라고 볼 수 없지요.

좋은 힌트는 상대에게 생각을 유도해서 정답을 도출하도

록 만드는 것입니다.

질문에도 상대의 사고를 유발하는 방법이 있습니다.

앞에서 다룬 질문이 지닌 힘 중에 '사고의 방향을 유도한다'라는 항목이 있었습니다. '질문하는 방법에 따라 자신이 원하는 방향으로 상대의 생각을 유도할 수 있다'라는 의미입니다.

앞에서도 설명했다시피 자녀가 시험에서 안 좋은 점수를 받아왔을 때 "넌 어째서 이렇게 밖에 못하니?" 하고 혼을 내면 자녀는 '나는 왜 이렇게 머리가 나쁠까?'라는 생각을 하기 시작합니다.

이에 반해 "다음 시험에서 좀 더 좋은 점수를 받으려면 어떤 준비를 해야 할까?" 하고 물으면 자녀는 '역시 예습, 복습을 해야 하나? 아니면 학원을 다녀야 할까?'와 같은 생각을 하기 시작합니다. 질문하는 방법에 따라 사고의 방향성이 결정되는 것입니다.

이러한 질문의 힘을 활용함으로써 상대의 사고를 자신이 의도하는 방향으로 이끌 수도 있습니다.

제가 대학생 때의 일입니다. 이사를 하려고 부동산에 가서 집을 두 군데 소개 받았습니다. 첫 번째 집은 허름했고, 두 번째 집은 깨끗했지만 학교에서 멀었기 때문에 두 군데 모두 마음에 들지 않았지요.

돌아오는 길에 부동산 사장님이 "어느 집이 더 좋았나요?"

하시기에 저는 "둘 중에서 고르자면 두 번째 집이요" 하고 대답했습니다. 그러자 "그 집은 인기가 좋은데 어쩌죠. 계약금이라도 넣을래요? 아니면 가계약서라도 쓸까요?"라고 질문했고 어쩐지 계약금이든 가계약서든 수속을 밟지 않으면 안 될 것 같은 기분에 "그럼 가계약서만 쓸게요" 하고 대답해 버렸습니다.

부동산으로 돌아와 계약서를 쓰고 있는데 "계약금은 3일 이내에 납부가 되어야 하는데, 어떻게 할래요? 내일 올 수 있어요?" 하시지 뭡니까. 저는 "네? 3일 이내라고요? 그럼 내일 오도록 해 볼게요" 하다가 결국 두 번째 집으로 이사하게 되었습니다.

저는 당시 두 집 모두 마음에 들지 않았습니다. 하지만 결국 계약을 하고 마는 처지가 되었지요. 나중에 돌이켜 생각해 보니 유도 질문에 걸려든 것이었습니다. 부동산 사장님은 '어느 쪽이 괜찮은지'를 물었는데, 이는 '어느 쪽도 괜찮지 않다'라는 대답은 배제하고 둘 중 한 군데는 좋았다는 대답을 하도록 유도한 것입니다.

또 '그 집은 인기가 높으니 계약금을 걸 것인지, 아니면 계약서만 쓸 것인지' 하는 질문과 '계약금은 3일 이내에 넣어야 하니 내일 올 수 있겠느냐'라는 질문은 '계약하지 않겠다'라는 선택지를 쏙 뺀 질문이었습니다.

저는 유도 질문에 걸려들어 학교에서 거리가 먼 집으로 이사를 하게 되었습니다.

이처럼 유도 질문을 사용하면 상대의 사고를 어느 정도 조절할 수 있습니다. 유도 질문은 자신이 노리는 부분을 상대가 당연하게 실행하리라는 전제를 깔고 그 행동을 하기 전에 거쳐야 할 내용을 질문하는 식으로 만듭니다.

예를 들어 만나고 싶은 사람이 있다면 다음 2가지의 선택지가 나옵니다.

1. 만난다, 만나지 않는다.
2. 만난다면 언제 만날 것인가?

이 경우, 1에서 당연히 만난다는 전제를 깔고 2로 질문을 만듭니다.

"다음주에 회사 근처로 갈 일이 있는데 수요일이랑 목요일 중에 언제가 괜찮으세요?" 하는 식입니다.

또 영업 현장에서 경리 시스템을 도입해야 한다면 다음과 같은 선택지를 생각할 수 있습니다.

1. 경리 업무가 효율적으로 변한다, 그렇지 않다.
2. 효율적이라면 설명을 들을 것인가, 듣지 않을 것인가.

1은 당연히 효율적으로 변한다는 전제를 깔고 2로 질문을 만듭니다. "이 시스템을 도입하면 왜 귀사의 업무가 효율적으로 변하는지 설명해 드려도 괜찮을까요?" 하는 것입니다.

유도 질문에 사람의 사고를 조정하는 힘이 있는 이유는, 사람은 질문을 받으면 그 질문에 대해 생각하는 경향이 있기 때문입니다. 질문을 받으면 일단 대답을 하려고 그 질문에 주의를 집중하게 됩니다. 그래서 전제로 깔린 사항에 대해서는 미처 생각할 틈이 없지요.

단, 유도 질문을 하면 질문을 받은 사람이 위화감을 느끼거나 강요당하는 인상을 받는 등 부정적인 감정을 지니게 될 우려가 있으므로 남용하지 않도록 유의해야 합니다.

'좋은 질문'이 사람을 키운다

가르치는 일과 생각하게 하는 일, 둘 중에 어느 쪽이 사람을 키울까요?

매니지먼트 경험이 있는 사람이라면 생각하게 하는 쪽이 성장으로 이어진다는 점을 아실 것입니다.

질문에는 생각하게 하는 힘이 있습니다. 그래서 '상대에게 질문하고 상대가 대답할 때까지 침묵하는 방법'으로 사람을 키워낼 수도 있지요. 질문에 따른 사고의 강제력을 활용하는 것입니다.

자녀에게 하는 질문은 자녀가 스스로 생각하게 하여 사고를 성장시키고, 부하 직원에게 하는 질문은 부하 직원 스스로 궁리하게 함으로써 성장시키는 등 질문은 사람을 키워내는 강력한 무기가 됩니다. 앞에서 소개한 '질문으로 이룰 수 있는 6가지 성과' 중 네 번째, '사람을 키운다'에 해당하는 말이지요.

자, 사람을 키우기 위해서는 긍정적인 질문을 하는 것이 포인트입니다. 그 반대는 부정적인 질문입니다.

자녀가 시험에서 낮은 점수를 받아 왔을 때 "너는 왜 이것밖에 못하니?"라고 물으면 자녀는 '나는 왜 이렇게 머리가 나쁘지? 누구 탓일까?' 하며 부정적인 사고를 하게 됩니다.

부하 직원이 실수했을 때는 "왜 이런 일 하나 제대로 해결하지 못해?"라고 하면 부하 직원은 '나는 왜 이렇게 간단한 업무조차 못할까?' 하며 부정적인 생각에 휩싸입니다.

이래서는 자녀도 부하 직원도 성장할 수 없습니다. 오히려 사고가 점점 부정적인 방향으로 치닫고 말 것입니다.

자녀나 부하 직원이 긍정적인 생각을 하도록 긍정적인 질문으로 바꿔보시기를 권합니다.

자녀가 시험에서 낮은 점수를 받아왔을 때 "다음 시험에서 지금보다 높은 점수를 얻으려면 어떤 준비를 해야 한다고 생각하니?" 하고 긍정적인 사고를 유발해 봅시다.

또 부하 직원이 실수했다면 "다음번에 이 업무를 정확하게 해내려면 어떻게 해야 한다고 생각하지?" 하고 긍정적인 사고를 하도록 독려합시다.

긍정적인 질문을 만드는데 5W1H만한 것이 없습니다.

사고를 긍정적으로 전환한 다음 5W1H를 사용하여 질문을 만드는 것입니다.

* 다음번에 잘하려면 무엇이 필요한가?
* 다음번에 무리 없이 해내기 위한 포인트는 어디에 있다고 생각하는가?
* 다음번에 훌륭하게 완수하려면 누구에게 협력을 요청해야 하나?
* 어떤 방법으로 다음번에 임할 것인가?

이렇게 5W1H로 질문을 만들고 그중 가장 적절한 질문을 상대에게 건네 봅시다. 자녀 혹은 부하 직원의 긍정적인 사고로 인해 가파른 성장 가도를 달리게 될 것입니다.

긍정적인 질문은 질문자의 사고 그 자체입니다. 평소에 당신이 부정적인 사고방식을 지녔다면 순간적으로 부정적인 질문이 나올 것입니다. 질문에는 그 사람의 가치관이 그대로 드러납니다.

질문은 이렇듯 사고의 방향성을 결정합니다. 곧 상대에게 강한 영향을 미친다는 뜻입니다. 상대에게 긍정적인 영향을 주고 싶다면 긍정적인 질문을 해야 합니다. 긍정적인 질문을 하려면 평소에 자기 자신이 긍정적인 사고방식을 지녀야 하겠지요.

긍정적인 대화는 질문으로 만든다

회사에서 회의 시간은 아무런 소득 없이 시간만 보내게 될 수도 있고, 중요한 의사 결정을 내리게 될 수도 있는 시간입니다. 한정된 업무 시간 중에 이루어지는 회의는 회의 방법에 따라 생산성에 큰 영향을 주지요.

이번 장의 마지막 주제로 의제를 제시하는 방법, 즉 질문하는 방법에 따라 회의가 180도 달라질 수 있다는 점에 대해 이야기하고자 합니다.

회의는 의제를 제시하고 그 의제에 관한 질문과 토론 등을 펼치는 장입니다. 회의는 의제에 따라 회의 내용을 정하는데, 회의에 필요한 자료나 숫자(데이터) 등을 준비하여 진행됩니다.

따라서 회의의 내용은 '의제에 따라 회의의 방향성이 제한된다'라고 할 수 있습니다. 질문을 어떻게 하느냐에 따라 사고의 방향성이 결정되는 것과 동일한 이치이지요.

예를 들어 'A 점포를 폐쇄할 것인가'라는 의제가 제시되었다고 합시다. 그러면 'A 점포를 폐쇄하는 것이 이득인가, 아니면 지속하는 것이 이득인가?' 하는 방향성에 따라 논의가 진행될 것입니다.

하지만 의제를 'A 점포의 실적 회복 방안에 관하여'로 제시하면 회의 내용은 전혀 달라집니다. 'A 점포의 업적을 회복시키려면 어떤 방법이 있는지'에 대한 내용이 논의의 중심이 되기 때문이지요.

이렇듯 회의에 있어서 의제 설정 방법에 따라 회의 내용이 크게 달라집니다.

회의를 발전적으로 이끄는 방법도 있습니다. 어떤 프로젝트를 성공시키기 위한 회의를 진행한다고 해 봅시다. 원래대로라면 그 프로젝트를 성공시키기 위한 방법이 제안되어야 하겠지만 때때로 그에 반대하는 의견이 나오기도 합니다.

"그건 좀 어렵지 않을까요?"라든지 "예산 내에서 실행하기 빡빡합니다"와 같은 반대 의견에 부딪혀 적극적이고 발전적인 의견이 묵살당하는 일도 곧잘 발생합니다. 그럴 땐 "가능합니다", "아니요, 불가능합니다" 하는 대립각만 세우다가 끝나고 말지요.

이때 해결 방법은 회의의 규칙을 조금 바꿔 보는 것입니다.

부정적인 발언이나 '프로젝트는 성공하지 못한다'라는 방향의 발언을 일절 금지하는 것입니다. 그러면 프로젝트를 성공시키기 위한 방법에 관한 논의만 하게 됩니다.

예를 들어 어떤 방안이 떠올랐는데 예산 문제에서 걸린다고 해 봅시다. 그럴 때도 "예산 때문에 그건 무리예요"와 같은 의견은 금지합니다. 그러면 "어떻게 해야 예산 문제를 해결할 수 있을까?" 하는 새로운 발전적인 의제를 설정하게 되고 실현 가능한 전제의 논의만 하게 되는 것입니다.

이렇게 하면 프로젝트가 성공한다는 전제로 토론을 하기 때문에 문제점이 나타나더라도 그 문제를 뛰어넘을 방법을 차례로 제안하게 됩니다. 이를 '긍정적인^{Positive} 회의'라고 합니다. 질문의 힘으로 회의의 성과를 이뤄낼 수 있다는 의미입니다.

자, 여기까지 침묵이 지닌 힘에 대하여 이해하셨으리라 생각합니다. 또 침묵하기에 앞서 질문의 사용 방법에 따라 강력한 영향력을 미칠 수 있다는 사실도 파악하셨을 것입니다. 하지만 질문하고 침묵하는 것만으로는 대화가 성립되지는 않습니다. 질문과 침묵으로 상대를 이해했다면 보다 좋은 관계, 보다 좋은 결론을 얻기 위해 발언할 필요가 있습니다.

다음 장에서는 침묵한 다음이기에 비로소 빛을 발하는 말의 영향력에 대하여 설명하겠습니다.

Part 5

파워
토크

강하고 묵직하게 이기는

침묵의 품격

좋은 커뮤니케이션은
침묵한 다음에
있다

어떤 직업에 종사하느냐와 관계없이 커뮤니케이션 능력은 필수 기술입니다.

영업 사원처럼 사람을 상대하여 설득하는 일은 물론이고, 공장에서 작업을 하든지, 어떤 모양으로든 사람과 부딪히는 일이라면 커뮤니케이션 능력이 중요하지요.

취업 면접에서도 커뮤니케이션 능력은 중요한 평가 기준이 됩니다. 그런데도 커뮤니케이션에 자신이 없는 사람이 많습니다. 특히 오늘날에는 인간관계로 힘들어하는 사람도 무척 많은 듯합니다.

- 자신의 생각을 상대에게 제대로 전달하지 못한다.
- 상대가 무슨 생각을 하는지 감을 잡지 못하겠다.
- 상대와 의견이 상반되면 어쩔 줄을 모르겠다.
- 상대를 설득하기 힘들다.

위의 예시처럼 인간관계에서 겪는 어려움의 대부분은 커뮤니케이션이 원활하지 않아서 생기는 일이라고 해도 좋을 것입니다.

커뮤니케이션이 잘 이루어지지 않는 원인은 어디에 있을까요? 대부분 '상대에 대한 이해'가 부족해서 생깁니다.

자, 고등학생 아들이 아버지에게 "드릴 말씀이 있어요. 사실 대학에 가고 싶지 않아요"라고 말했다고 해 봅시다.

아버지는 "갑자기 무슨 소리를 하는 거야? 대학을 안 나오면 좋은 회사에 취직도 못할 테고, 점점 더 살기 힘들어질 거다. 절대 허락할 수 없어. 성적이 잘 안 나와서 그러는 거니? 그렇다면 재수를 해도 괜찮아. 너를 위해서라면 돈은 얼마든지 투자할 거야. 괜찮아, 괜찮아. 오늘은 일찍 자고, 내일 어느 학원을 가면 좋을지 이야기해 보자" 하며 단숨에 아들의 말문을 막아 버렸습니다.

문제는 해결되었을까요?

만약 아들이 '대학에 가지 않고 요리사가 되겠다'라는 결심을 했다면 어떨까요? 의견이 좁혀지기는커녕 각자의 의견이 평행선을 달리고 있는 현실이 눈에 들어오시겠지요.

아버지는 아들의 이야기를 듣고는 아들의 마음을 지레짐작하여 자기가 원하는 해결책대로 사고를 진행시킨 탓에 아들의 진심을 알고자 하는 마음에서 멀어져 버렸습니다. 이런 일들은 우리의 일상에서 빈번히 일어납니다.

이런 이야기도 있습니다. 어떤 사람이 치과에 갔습니다. 충치가 심해 치아의 대부분을 빼야 할 상황에 놓이게 되었습니다. 치과의사는 자신이 끼고 있던 틀니를 천천히 빼내며 "이 틀니는 입안에 딱 들어맞아 굉장히 편안합니다. 사용하시면 좋을 거예요" 하며 틀니를 씻어 건네주었습니다.

환자가 틀니를 받고 끼우려는데 자신의 구강 구조에는 맞지 않아 들어가지 않았습니다. 환자가 "잘 맞지 않아요" 하고 말하자 치과의사는 "그럴 리가 없어요. 저는 그 틀니로 10년 동안이나 문제없이 살았어요. 분명 잘 맞을 테니 다시 한 번 끼워 보세요" 하고 말했습니다.

우리도 사람들과 이와 비슷한 대화를 하고 있는 것은 아닐까요?

틀니는 사용하는 사람의 잇몸을 본 떠서 만들지 않으면 꼭 맞을 수 없습니다. 대화도 마찬가지입니다. 상대를 알고, 이해하며, 상대가 받아들이기 쉽도록 이야기를 구성하여 말하지 않으면 제대로 커뮤니케이션을 할 수 없습니다.

상대방을 알고 이해하려면 우선 상대가 말하는 내용을 들어야만 합니다. 자기가 하고 싶은 말만 해서는 절대로 상대를 설득할 수 없습니다.

상대가 말하는 내용을 들으려면 침묵해야 합니다. 상대에게 질문을 하고 상대가 대답할 수 있도록 침묵하는 것입니다.

그렇게 상대방의 이야기를 충분히 듣고 이해한 다음에 자신에 대한 이야기를 꺼내면 성공적인 커뮤니케이션을 취할 수 있습니다.

어떻게 해야
당신의 말을
듣게 할까?

누구나 '내 이야기를 들어주었으면' 하고 바랄 때가 있습니다.

그렇지만 당신이 이야기를 한다고 해서 상대가 처음부터 끝까지 모든 내용을 진지하게 듣고 명확하게 이해해 줄 수 있을까요? 반드시 그렇지는 않습니다. 딴생각하느라 이야기를 아예 듣지 않고 있을 가능성마저 있습니다.

그렇다면 누군가 당신의 이야기를 들어주길 바랄 때는 어떻게 해야 할까요?

최선을 다해 열심히 말하면 될까요? 아니면 "잘 들어 줘"

하고 부탁을 해야 할까요? 세상에 널린 효과적으로 말하고, 전달하는 방법을 알려주는 책과 동영상 등을 통해 얻은 테크닉을 구사하면 되는 것일까요?

여기 더 간단한 방법이 있습니다. 바로 말하기 전에 상대의 이야기를 먼저 묵묵히 듣는 것입니다.

'이야기를 들어달라는 건데 말하지 말고 상대의 이야기를 들으라니, 너무 거꾸로 가는 거 아닌가?' 하고 반문하고 싶은 분이 계실지도 모르겠습니다. 하지만 사실입니다. 상대가 잠자코 당신의 이야기를 듣게 하고 싶다면 먼저 상대의 이야기에 귀를 기울이십시오.

대화할 때 우리의 머릿속 모습은 어떠한가요? 특히 하고 싶은 말이 있을 때를 떠올려 보십시오.

상대방이 말을 하고 있는데 '그래, 조금 이따 이 말을 해야지', '잘 이해하게 하려면 어떻게 말을 해야 할까?', '재미있게 말하고 싶은데 무슨 말을 먼저 꺼내지?' 등 자신이 꺼낼 말에 대한 생각으로 머릿속이 가득 차 있을 때가 많습니다.

그러면 상대가 하는 말이 들리기는 하지만, 머릿속에 들어오지는 않습니다. 잠자코 듣고 있는데 "내 말을 듣고 있는 거야?" 하는 반응이 돌아오는 이유도 그것입니다. 겉으로는 듣고 있지만 사실은 다른 생각을 하고 있기 때문이지요.

상대의 이야기를 듣는 일에는 그저 '말을 하지 않는 것'이 아니라, 상대가 하는 말을 정확하게 이해하고자 귀를 기울이는 자세가 필요합니다.

상대가 당신의 이야기에 귀 기울이게 하려면 어떻게 해야 할까요? 상대가 자신이 이어서 할 말에 대한 생각을 하지 않도록 유도를 해야 하는데, 어떻게 실현할 수 있을까요?

우선 상대의 이야기를 주의 깊게 듣고 당신이 충분히 이해했음을 표현해야 합니다.

상대가 이야기를 꺼내면 상대의 이야기를 경청하는 자세로 주의 깊게 듣습니다. 그리고 이야기가 끝났다 싶을 때 "그러니까 이러이러하다는 뜻이지요?" 하고 자신이 제대로 들었는지 물어 확인합니다. 옳다면 다행이고, 그르다면 상대가 다시 한 번 이야기를 할 테니, 그 말이 끝날 때까지 잠잠히 듣고서 "조금 전에는 제가 잘못 이해했네요. 이러이러하다는 거죠?" 하고 재차 확인합니다.

이렇게 하면 상대의 머릿속에서는 어떤 일이 벌어질까요? '내가 하고 싶은 말도 다 했고, 제대로 이해도 한 것 같군' 하며 만족스러워합니다. 이제 당신이 "그럼 제 얘기 좀 들어보실래요?" 하면 상대에게는 '내 할 말은 모두 했으니 이 사람이 하는 얘기도 좀 들어 볼까?' 하는 마음이 생깁니다. 그리고 이야기를 들으면서도 '이 사람의 말이 끝난 다음에 나는 무슨 이야기를 하지?'와 같은 생각을 하지 않고 집중하여 들어줄 것입니다.

  자신의 이야기를 상대방이 잘 듣게 하고 싶다면 역설적이
지만 먼저 상대의 이야기를 잠잠히 들어주어야 합니다. 이는
단순하지만 확실한 효과가 있습니다.

잠잠히
들을 때
사람을 움직인다

상대가 이야기를 그저 들어주었다고 해서 자신이 말한 내용을 아무런 저항 없이 받아들였다고 간주할 수는 없습니다. 다른 사람에게 영향을 미치고 행동까지 움직이게 하는 것은 여간 어려운 일이 아닙니다.

책과 같은 여러 매체에서 볼 수 있는 사람을 움직이는 방법의 대부분은 효과를 금방 확인할 수 있는 테크닉입니다.

그중에는 심리 조작을 유도하는 테크닉도 있는데 그러한 테크닉조차 널리 알려지면서 진부해진 탓에 그 수법에 걸려

들지 않는 사람도 많아졌습니다.

그렇다면 사람을 설득하여 행동하게 하려면 어떻게 해야 할까요?

부탁하거나 윽박지르거나 명령을 내리거나 조건을 내걸거나 방법은 여러 가지가 있겠지요. 어떤 테크닉을 사용할지 결정할 때도 고려해야 할 중요한 요소가 한 가지 있습니다. 바로 '상대의 이야기를 잘 들은 후 설득을 해야 효과적'이라는 점입니다.

저는 변호사로 20여 년 활동하며 무수히 많은 협상을 진행했습니다. 변호사라고 하면 어떤 이미지가 떠오르십니까? '말주변이 좋아서 전하고 싶은 말을 막힘 없이 술술 풀어놓으며 상대를 꼼짝 못 하게 하는 사람'이라는 이미지를 지니신 분도 계시겠지요.

하지만 제가 협상할 때는 질문이 70퍼센트, 개인적 의견이 30퍼센트 정도의 비율이 되도록 신경을 씁니다. 의도적으로 질문에 많이 할애하는 것입니다. 왜냐하면 그렇게 하는 편이 협상이 잘 마무리될 가능성이 높기 때문입니다.

협상은 자신의 의견을 강력하게 피력하는 도구가 아닙니다. 교섭이 성립되려면 'Yes'라는 상대의 대답이 필요합니다. 사람은 스스로 움직이고자 하는 동기가 발동하지 않으면 움직이지 않습니다. 어쨌든 혼자만의 힘으로는 다른 사람을 움직이게 할 수 없고 상대의 의사가 개입되어야 합니다.

따라서 어떻게 해야 상대가 'Yes'라는 대답을 할지 알아야 하니 상대를 깊이 분석할 필요가 있습니다. 이때 효과적인 수단이 바로 '질문'입니다.

상대가 어떤 감정을 지녔는지, 무엇을 소중하게 여기며 불필요하게 생각하는 것은 무엇인지, 절대 타협할 수 없는 조건이 있는지, 어떤 정체성을 갖고 살아왔는지 등에 관해 질문으로 알아보는 것입니다. 이렇게 상대를 파악한 후 상대가 긍정적으로 반응할 만한 조건을 제시하거나 설득력 있는 테크닉을 활용하여 협상에 임하면 'Yes'라고 대답할 가능성이 높아집니다.

예를 들어 회사 동료에게 주말에 있을 접대 골프 자리에 대신 나가 달라는 부탁을 해야 한다고 합시다. 동료에 관한 아무런 정보도 없이 "주말에 접대 골프 자리에 대신 나가줄 수 있을까? 내가 밥 한번 살게"라고 말할 경우 승낙할 확률이 얼마나 될까요? 큰 기대를 하기 어렵습니다.

하지만 동료가 "오늘 아이 생일 파티가 있는데 야근하게 생겼네. 어쩌면 좋지?"라는 말을 했다는 정보를 입수했다고 해봅시다. "주말 접대 골프에 나가줄 수 있을까?" 뒤에 "대신 오늘 일은 내가 남아서 할게"라는 말을 덧붙인다면 상대가 승낙할 가능성이 높아집니다.

상대의 형편을 잘 파악하여 수월하게 진행된 또 다른 예시를 한 가지 더 말씀드리겠습니다.

한 가전제품 매장에 에스키모가 왔습니다. 에스키모는 냉장고를 사러 왔는데 점원은 '에스키모가 사는 지역의 기온보다 차갑게 하는 냉장고가 좋겠다'라는 생각에 얼음을 한없이 만들 수 있는 성능 좋은 냉장고를 추천했습니다. 하지만 에스키모는 냉장고를 사지 않고 돌아가 버렸지요.

그 에스키모는 또 다른 가전제품 매장에 들어가 똑같이 냉장고가 필요하다고 말했습니다. 에스키모의 필요를 알게 된 점원은 "어떤 용도로 사용하실 건가요?" 하고 질문했습니다. 그러자 에스키모는 "제가 사는 곳은 너무 추워서 음식이 죄다 얼어 버리기 때문에 식료품 보존에 애를 먹고 있습니다. 식품을 보존하기 좋고 음식이 잘 얼지 않는 냉장고가 필요합니다"라고 대답했습니다. 점원은 에스키모가 원하는 특성의 냉장고를 추천했고, 에스키모는 만족하며 샀다고 합니다.

사람을 움직이고 싶다고 상대의 필요와 입장을 멋대로 상상해서 설득해 봤자 먹히지 않습니다. 질문으로 상대의 생각과 입장을 충분히 파악한 후에 설득을 하면 'Yes'라는 대답을 얻을 가능성이 훨씬 높아질 것입니다.

상대에게

생각할 시간을 주면

순조롭다

데일 카네기의 명저 《카네기 인간관계론》에는 이러한 말이 있습니다.

인간은 자존심 덩어리이다. 인간은 다른 사람이 하는 말에는 따르고 싶어 하지 않지만, 스스로 떠올려 자각한 생각에는 기꺼이 따른다. 그러니 사람을 움직이게 하려면 명령하지 말고 스스로 깨닫게 해야 한다.

사람을 움직이려면 스스로 움직여야겠다고 생각하도록 만들어야 한다는 의미입니다. 우리는 상대가 자발적으로 움직여야겠다는 이미지를 머릿속에 그리는 동안 반드시 침묵해야 합니다. 생각에는 시간이 필요합니다. 상대가 생각하고 있는데 말을 얹으면 생각을 충분히 정리하지 못한 채로 사고가 중단되기 때문에 잠시 침묵하는 시간이 필요하다는 것입니다.

자, 영업 현장을 떠올려봅시다.

부동산 회사의 영업 사원이 지어진 지 몇 년 지난 아파트를 사러 온 부부에게 집을 보여주는 상황이라고 합시다. 영업 사원이 쉴 새 없이 "이 집은 평수가 넓게 빠졌고 거실에서는 산이 보이는 데다가 역까지는 5분밖에 안 걸리고~"라고 설명해 봤자 부부의 생각은 정리되지 않습니다.

그보다 "방은 3칸입니다. 만약 이 아파트에 거주하신다면 이 방은 어떻게 사용하실 계획이신가요?" 하고 물은 뒤 침묵한다면 부부는 "그러게요. 저쪽 방이 넓으니 여기는 침실이 되겠네요" 하고 자연스레 상상의 나래를 펼치며 자신의 생각을 정리할 것입니다. 어쩌면 그 상상에서 더 나아가 실제로 구입했을 경우를 떠올리며 계약에 한 걸음 더 다가서게 되겠지요.

상대를 설득하고자 할 때는 아무래도 상대가 딴생각을 하지 않게 하려다 보니 말을 많이 하게 되기 십상입니다. 하지만 말이 역효과를 내기도 한다는 사실을 기억해야 합니다. 오히려 침묵함으로 상대의 상상을 부풀려서 상황을 자신에게 유리한 방향으로 이끄는 능력이 필요합니다.

한 남성이 한 여성에게 "이번 주 토요일에 나랑 데이트하지 않을래?"라고 했을 때 그 성패는 여성이 남성에게 호감이 있는가에 따라 결정됩니다. 아무리 말로 끈질기게 조르더라도 호감이 없다면 성공할 가능성이 높지 않지요.

여성이 남성에게 그다지 호감이 없는 경우라면 이쯤에서 작전을 짜 보는 것입니다. "이탈리안 요리 좋아하지? ○○이라는 가게에 트러플 파스타가 엄청 유명하고 맛있다더라. 먹고 싶지 않아?" 하고 질문을 한 뒤에 잠깐 침묵합니다. 그러면 여성은 그 파스타를 상상한 다음 "먹고 싶어!" 하고 대답할 가능성이 커지지요. 그리고 "이번 주 토요일에 예약했는데 같이 먹으러 가지 않을래?" 하고 데이트 신청을 하면 여성의 머릿속은 데이트 신청을 한 남성보다 파스타 생각으로 가득해져 데이트에 응할 가능성이 커집니다.

이렇듯 '어떤 생각을 하도록 해야 Yes를 받아낼 수 있을까?', '어느 방향으로 생각을 유도해야 행동으로 옮길까?'를 고민하여 상대의 사고를 유도해야 합니다. 상대가 상상하고, 생각을 정리하려면 반드시 시간이 확보되어야 하므로 그 동안 우리는 침묵해야 합니다. 부디 '침묵하는 용기'를 지니도록 합시다.

발군의 위력을 지닌 '크로스 카운터 화법'

일본의 유명한 만화 중에 〈내일의 죠〉라는 만화가 있습니다. 방황을 일삼던 불량소년 야부키 죠가 복싱 코치인 단페이를 만나 복싱을 시작하지만 소년원에 들어가는 등의 우여곡절을 겪다 결국에는 세계 아마추어 챔피언 타이틀을 거머쥐는 이야기입니다.

이 작품에서 야부키 죠가 사용한 필살기는 '크로스 카운터' 라는 기술이었습니다. 크로스 카운터는 상대가 왼쪽(오른쪽) 스트레이트 펀치를 날렸을 때 피하지 않고 자신의 오른쪽(왼쪽) 펀치를 상대의 왼쪽(오른쪽)으로 교차시켜 상대의 안면으로 힘껏 때려 박는 기술입니다.

상대가 왼쪽(오른쪽)으로 스트레이트 펀치를 날리면 주먹이 날아가는 쪽으로 힘이 작용합니다. 거기에 카운터펀치로 상대가 공격하여 오는 순간 교차하듯 되받아치기 때문에 펀치의 파워는 배로 늘어납니다. 야부키 죠는 크로스 카운터로 자신과 붙는 상대를 하나씩 쓰러뜨립니다.

야부키 죠가 크로스 카운터에 능하다는 사실을 상대 선수도 알고 있으니 스트레이트로 공격하지 않으면 되겠지만 결국 상대 선수는 스트레이트 펀치를 날리고 맙니다. 여기에도 비밀이 숨겨져 있습니다.

바로 야부키 죠가 '노가드 전법'을 구사하기 때문입니다. 복서는 일반적으로 양팔을 들어 자신의 안면을 방어하는 자세를 취하지만 야부키 죠는 양팔을 축 늘어뜨리고 얼굴을 막지 않습니다. 이 때문에 상대 선수는 본능적으로 야부키 죠의 얼굴을 노리는 펀치를 날리고 말지요. 바로 그때 야부키 죠는 상대에게 필살의 크로스 카운터로 되돌려주는 것입니다.

크로스 카운터는 대화에서도 적용할 수 있습니다. 상대가 원하는 바를 의도적으로 드러내고 침묵한 뒤에 상대가 먼저 요구하도록 함으로써 자신의 목표를 이루는 방법입니다.

예를 들어 은행 강도가 인질을 잡고 건물에 틀어박혀 있는 경우라면, 경찰은 인질을 풀어 주기를 원할 것입니다. 그래서 건물의 전기와 수도, 가스 등의 라이프 라인을 끊습니다. 그러면 강도로부터 '전기와 물을 공급하고 음식을 넣어 달라'와 같은 요구가 날아오겠지요. 그때를 놓치지 않고 즉시 "알겠다. 대신 노인과 어린이는 놓아 달라" 하고 크로스 카운터 화법으로 협상합니다. 상대는 자기 자신이 먼저 요구했고 그 요구에 대응하는 거래이기 때문에 쉽게 응하게 됩니다.

크로스 카운터 화법을 협상에서 활용하고 싶다면 상대가 요구할 만한 사항을 사전에 조사하여 정해 두고 상대가 그 요구를 쉽게 할 수 있도록 조성해야 합니다. 모든 준비가 되었다면 침묵하며 상대의 요청을 기다리다가 마침내 요구를 해 올 때 "알겠습니다. 대신 ○○이 조건입니다"와 같이 크로스 카운터 화법으로 목적을 이루도록 하십시오.

또 다른 방법도 있습니다. 회사의 한 프로젝트에 상사를 참여하게 하고 싶다면 파워포인트로 기획서를 만들어 제출하면서 일부러 제목을 공란으로 두는 것입니다. 바로 '노가드전법'입니다.

상사는 당연히 "어허, 제목이 빠졌잖아" 하고 스트레이트 펀치를 날릴 텐데 그때가 곧 크로스 카운터를 날릴 타이밍입니다.

"아, 정말 죄송합니다. 좋은 제목이 잘 떠오르지 않아서 고민하고 있었는데 그대로 출력해 버렸네요. 뭔가 좋은 아이디어가 없을까요?"

"그렇군. ○○프로젝트, 어떨까?"

"오, 정말 좋은데요! 그 제목 그대로 사용하겠습니다."

이렇게 그 상사는 프로젝트의 타이틀을 붙여준 구성원이 되면서 프로젝트에 발을 들여놓게 되었습니다. 제목이 아닌 내용의 일부를 누락시키는 등의 방법으로 상사에게 조언을 받아 협력 관계를 맺는 방법도 있을 것입니다.

어느 쪽이든 크로스 카운터는 주도면밀한 사전 준비가 필요하고 상대가 먼저 요구하도록 하는 점이 중요하기 때문에 자신이 원하는 바에 대해서는 침묵하는 것이 중요합니다.

도무지 입 밖으로
나오지 않는 말을
전달하는 법

상대에게 어떤 이야기를 꼭 해야 하는데 말하기 껄끄러울 때가 종종 있지요. 특히 소심한 사람이라면 그런 경험이 많을 것입니다.

협상에서 우위를 차지하지 못해 가격 인상과 같은 꼭 필요한 개선 방안에 대한 목소리를 내지 못하는 사람도 있습니다. 이럴 때는 말이 아닌 서면으로 제출하여 알리는 방법이 있습니다.

서면은 문서로 작성하여 상대에게 전달하는 형태입니다.

그러면 침묵하더라도 상대에게 전달하고 싶은 내용을 알릴 수 있습니다. 말로 하는 내용이라고 해 봤자 "조건은 서면에 기재되어 있으니 확인 부탁드립니다" 정도이니 내성적인 사람도 가능합니다.

제가 아는 몇몇 영업 사원도 서류를 활용하여 가격 인상 등의 어려운 협상에 성공했습니다.

또 서류에는 '이미 결정이 되어 버렸다'라고 느끼게 만드는 효과도 있습니다.

그리고 회의나 협상을 할 때는 '무엇을', '어떤 순서로' 의논할 것인지가 중요한 의미를 지니는 경우가 있습니다. 특히 협상을 할 때는 가격, 납기, 보증, 페널티 등 의견을 조율해야 할 사항이 산적해 있는 경우가 보통인데, 어떤 순서로 처리해 나가느냐에 따라 유불리가 달라지기도 합니다. 이럴 때 '1. 납기에 관하여, 2. 보증에 관하여…'와 같이 의제를 기재한 서류를 준비하여 교섭하기 전에 "오늘 반드시 나눠야 할 내용을 서면으로 정리하여 드렸으니 확인해 주시기 바랍니다. 잘 부탁드립니다" 하면 앞으로 진행될 협상은 자연스럽게 그 순서로 진행해야만 하는 분위기를 만들어낼 수 있습니다. 회의를 할 때도 마찬가지입니다.

더욱이 구두로 전달하면 오해를 불러일으킬 우려가 있거나 정확하게 이해해야 할 사항이라 재차 확인해 보기를 권장

할 때도 서류는 훌륭하게 제 역할을 해냅니다. 말만으로는 그 자리에서 흩어지면 끝나버리기 때문에 일이 흐지부지 진행되어 버리고 맙니다. 그러면 오해는 풀지도 못한 채 진도만 나갈 수도 있으니 오해가 생기지 않도록 서면에 명확하게 기재하여 설명하고, 몇 번이고 다시 읽게 하여 서로 조율해 나가는 방법도 있을 것입니다.

그리고 서면으로 명확히 남겨두면 나중에 '고지했다, 고지하지 않았다' 하는 문제로 시끄러워지는 상황을 미연에 방지할 수 있습니다. "○월 △일 드린 서면에 이러이러하게 명시되어 있습니다"라고 하면 강력하고 확실한 증거가 되지요.

이렇게 구두로 전달하기보다 서면을 작성해 두는 편이 더 효과적인 상황이 있으므로 상황에 따라 서류로 의견을 전달하는 방법을 검토해 봅시다.

단, 이 방법은 서면으로 전달해야 분명히 좋은 효과를 얻을 수 있는 상황일 때에 한합니다.

예를 들어 얼굴을 보고 직접 사과해야 하는데 '자존심이 상하기 싫으니 종이로 퉁쳐야지'처럼 오만방자한 이유로 서면을 사용해서는 안 됩니다. 그럴 경우 오히려 나쁜 결과를 초래하고 말지요.

말하기 힘든 일이나
구두로 전달하면
오해를 불러일으키기 쉬운 경우에는
서면으로 전달하는 것이 좋다.

반론하려면

먼저

동의부터

대화 상대와 다투는 방법은 아주 간단합니다. 상대가 하는 말을 모조리 부정하거나 비판하면 되지요.

반대로 미움받고 싶지 않다면 상대의 말에 동의하면 됩니다. 특히 업무적으로 중요한 단골 거래처와 이야기를 하는 상황이라면, 혹 원하던 바가 아닐지라도 상대의 의견에 동조해야 하는 경우가 빈번히 발생합니다.

하지만 그런 특수한 상황을 제외하고는 일상생활에서 대화를 하다 보면 상대와 의견이 달라 반대 의견을 내세워야 하는 경우도 적지 않습니다. 그럴 때 '자신의 의견을 명확하게 드러내야 한다'라고 주장하는 사람도 있습니다. 상대가 누구든지 항상 자신의 의견을 분명하게 나타내는 사람도 있지요. 다만 실제로 그렇게 행동하는 사람은 소수일 것입니다. 특히 직장 상사처럼 우위에 있는 사람에게라면 심기를 불편하게 해서 분란이 생기는 일이 없도록 하려고 노력하겠지요.

그럼에도 자신의 의견을 분명히 밝혀야 할 때는 어떻게 해야 할까요?

바로 ① 동의하고, ② 질문하고, ③ 다른 의견을 제시하는 방법이 있습니다.

먼저 상대가 의견을 내면 "맞습니다" 하고 동의를 합니다. 하지만 생각이 다를 경우에는 상대의 의견에서 불완전하게 보이는 부분에 대하여 질문합니다. "맞습니다. (침묵) 그런데 이러이러한 경우에는 어떻게 되는 건가요?" 하는 식입니다. 그리고 부족한 점을 서로 드러내 놓고 충분히 인식한 후에 "그럼 이 방법은 어떨까요?" 하고 새로운 관점으로 이야기를 이끌어가는 흐름을 취하는 것입니다.

예를 들면 상사가 "이 화장품을 사면 샘플을 특전으로 붙여준다는 점을 강조하여 프로모션을 해 보자"라는 의견을 제시했다고 합시다. 이때 당신에게 '이 상품은 상품 자체의 장점을 강조하면 더 잘 팔릴 테고, 특전을 붙이는 편이 오히려 역효과를 일으킬 것이다'라는 의견이 있다고 해 봅시다. 이럴 때는 일단 "좋은 아이디어네요"라고 동의하고, 침묵합니다. 이어서 "그런데 '샘플은 안 쓰니까 필요하지 않다'라고 생각하는 사람도 어느 정도는 있을 텐데 그런 사람들까지 붙잡으려면 어떻게 해야 할까요?"와 같이 상대방의 의견을 채택한다는 전제로 부족한 점에 포인트를 맞춰 질문합니다.

그렇게 상대가 미처 생각지 못한 부분을 파악하게 한 뒤에 "원래 붙이기로 했던 샘플은 붙이지 않기로 하고, 구입한 사람 중에서 샘플 신청을 하는 사람에게만 보내주는 방식은 어떨까요?"와 같이 자신이 처음부터 생각하고 있던 방안으로 결론을 유도하는 것입니다.

이렇게 하면 상사는 ① 부하 직원이 자신의 의견에 동의했기 때문에 자존심에 상처를 입지 않습니다. 또 상사가 ② 반대 의견을 들었을 때도 자신의 의견을 전제로 하고 아이디어를 조율한 새로운 방법을 도출했기 때문에 자신의 의견이 무시당했다는 느낌도 들지 않아 자존심을 지키게 됩니다.

이처럼 상대의 심기를 건드리거나 자존심에 상처를 입히지도 않고 반대 의견을 제시할 수 있습니다.

상대의 의견에 반대하고 싶을 때는
① 동의하고, ② 질문한 뒤, ③ 다른 의견을
제시하면 부딪치지 않는다.

그럼에도

침묵이 두려운

당신에게

이 책도 막바지에 다다랐습니다.

침묵의 효과에 대해서는 이해하셨으리라 봅니다. 이제는 당신이 침묵을 효과적으로 활용하여 원활한 커뮤니케이션을 하느냐, 못하느냐만 남아 있습니다.

노하우가 잔뜩 적힌 책을 읽어도 노하우를 살리지 못하는 이유는 '실천하지 않거나, 자기 식대로 실천하거나' 둘 중 하나에 있습니다.

말로 하는 커뮤니케이션에 익숙한 사람은 침묵이라는 정반대적 접근에 거부감을 느낄지도 모릅니다. 하지만 저는 말보다 침묵으로 상대의 이야기를 들을 때 더 원활한 커뮤니케이션을 이룰 수 있다고 확신합니다.

일방적인 발언이 효과적인 경우는 상대를 논리로 묵살하여 더 이상 그 사람과의 관계를 고려하지 않을 때일 것입니다.

그럼에도 사람들은 침묵하기를 주저합니다. 따라서 이쯤에서 사람들이 왜 침묵을 두려워하는지 다시 한 번 생각해 보고자 합니다.

1. 아무래도 불편하다

사람들이 침묵을 싫어하는 이유는 '침묵을 견디는 것이 불편'하기 때문이지 않을까요? 그 불편함을 해소하고자 말이 많아지는 것입니다.

당신은 이 책을 통해 침묵하는 커뮤니케이션을 배웠습니다. 하지만 이를 모르는 사람은 당신의 침묵으로 인해 그 자리가 불편해질 수도 있습니다. 상대를 압박하기 위한 침묵이 아니라면 상대가 쉽게 말을 걸 수 있도록 표정을 관리하는 것이 중요합니다.

2. 언짢아 보인다

상대가 계속해서 침묵하면 '기분이 안 좋은 것 같다'라고 오해할 수 있습니다. 말로 하는 커뮤니케이션에 익숙한 사람은 '침묵=말하고 싶지 않다=기분이 안 좋다'로 여기는 듯합니다. 이미 아시다시피 '침묵=생각 중'인 경우도 많습니다. 또 이 책을 읽은 당신이라면 여유를 갖고 침묵을 자유자재로 다룰 수 있지 않을까요?

물론 상대가 진짜 기분이 좋지 않아 입을 다물고 있을 수도 있습니다. 상대의 기분을 명백히 상하게 할 만한 발언을 했다면 진심 어린 사과를 합시다.

사람에 따라서는 고민을 하고 있는 것인지 기분이 나쁜 것인지 파악하기 어려울 수 있습니다. 어느 쪽인지 알기 힘들 때는 "언짢게 들리신 내용이 있었나요?" 하고 되물으면 됩니다. 어쩌면 상대방이 "제가 왜 화가 났는지 모르시나요?" 하고 쏘아붙일 수도 있는데, 이유를 모르겠다면 이해가 부족해서 헤아리지 못했던 점부터 사과하면 됩니다.

자, 침묵이 제 기능을 발휘하지 못하는 유일한 상황이 있습니다.

그것은 '의미 없는 침묵'입니다. 의미 없는 침묵은 반드시 피해야 합니다. 의미 없는 침묵이란 서로에게 어떠한 영향도 주지 못하는 침묵입니다. 그다지 친하지 않은 사람과 디즈니랜드 같은 테마파크에 가서 아무런 대화 없이 온종일 붙어다니는 듯한 상황 말입니다. 굉장히 불편합니다.

이럴 때는 잡담 스킬이 필요합니다. 이런저런 잡담 스킬을 소개하는 책들이 있으니 읽어 두었다가 써먹으면 좋습니다. 다만 이런 상황이 흔하지는 않고 '침묵을 의식하지 않는 사람은 신경 쓰지 않을 테니, 나도 의식하지 않겠다'라는 마음만 있으면 별문제가 되지 않을 수도 있습니다.

침묵으로

인한

리스크

침묵은 효과적으로 활용하면 커뮤니케이션을 원활하게 만들지만 입만 다물고 있다고 되는 것은 아닙니다.

여기서는 침묵으로 발생하는 리스크에 대해 알아보겠습니다.

침묵의 최대 리스크는 '오해받을 수 있다'라는 점입니다.

- 기분이 나빠 보인다.
- 신경질적이고 까다로워 보인다.
- 무슨 생각을 하는지 당최 알 수 없는 사람이다.

그러므로 침묵할 때는 심각한 표정을 짓지 않도록 의식합시다. 협상에서 승리를 목적으로 침묵할 때를 제외하고는 침묵과 웃는 얼굴은 한 세트가 되면 좋습니다.

결국 커뮤니케이션의 기초는 호감과 신뢰입니다. 호감과 신뢰를 얻으려면 당신 먼저 상대에게 호감을 느끼고 신뢰해야 합니다.

침묵은 '상대가 오해할 수도 있다'라는 리스크를 지니고 있기 때문에 상대를 위한 배려도 잊지 않아야 합니다.

저는 오늘날 지나친 커뮤니케이션으로 인한 오류가 많이 일어나기 때문에 커뮤니케이션을 원활하게 하기 위해 침묵하는 방법에 관하여 이야기를 했습니다.

그런데 이 책에서 다룬 내용이 대중적으로 널리 퍼지면 침묵을 어떤 목적을 달성하기 위한 기술로 사용했을 경우, 쉽게 상대에게 간파를 당하고 맙니다.

그러므로 침묵은 어디까지나 호감과 신뢰를 얻어내기 위한 커뮤니케이션 수단으로 존재한다는 사실을 잊지 마시길 바랍니다.

'좋은 침묵'은
창조적인 세계로 가는
문

① 동의하고, ② 질문하고. ③ 다른 의견을 말하는 기법은 상대에게 반대 의견을 제시할 때만 사용하는 것은 아닙니다. 상대와 협상을 할 때는 물론이고, 상대와 더 좋은 결론에 도달하고 싶을 때, 또는 여러 사람과 함께하는 회의에서도 사용됩니다.

이 기법은 서로의 지혜를 모아 창조적인 세계로 향하게 하는 대화라고 할 수 있습니다.

대화할 때 먼저 자신은 침묵하며 상대의 이야기에 귀를 기울이고 상대의 이야기를 완전히 이해하려 노력하면서 듣습니다. 그리고 상대의 의견에 관해 질문하고, 장점과 단점은 무엇인지 검토합니다. 더불어 더 좋은 방안이 없는지 함께 고민합니다. 그 결과 처음 생각했던 내용보다 좋은 의견이 도출될 가능성이 생기지요.

이런 이야기가 있습니다. 어떤 세무사가 독립하여 사무실을 열면서 자신이 경영하는 세무사 사무실의 홈페이지를 만들고자 홈페이지 제작자에게 견적을 받았습니다. 견적 금액은 자그마치 천만 원. 하지만 현재 그가 낼 수 있는 돈은 오백만 원이었습니다. 조금 더 싸게 할 수 있을지 문의했지만 홈페이지 제작자도 빠듯하게 낸 견적이라 '할부여도 좋으니 천만 원에서 더 줄이기는 힘들다'라는 입장을 고수했습니다. 하지만 세무사도 이제 막 독립한지라 수입이 불안정했기에 할부를 하더라도 그 돈을 다 갚을 수 있을지 장담할 수 없었지요.

그때 세무사는 제작자의 입장을 이해해 보고자 질문을 하기 시작했습니다. 여러 가지 질문을 해 보니 그 제작자도 독립한 지 얼마 되지 않아 고객 모집에 애를 먹고 있었지요. 그래서 천만 원보다 더 싸게 할 수 없었던 것입니다. 세무사는 그 상황을 알고 다음과 같이 제안했습니다.

"그럼 이렇게 하면 어떨까요? 우선 제가 제작자님께 오백만 원을 입금하겠습니다. 저는 세무사이니 중소기업 사장님

들을 많이 알고 있는데, 홈페이지를 개설하고 싶어 하시는 분도 꽤 있을 것입니다. 그런 회사에 제작자님을 소개해서 계약이 체결되면 한 건당 백만 원을 소개료로 받겠습니다. 그렇게 받은 백만 원을 저의 홈페이지 제작 비용으로 충당하는 겁니다. 다섯 군데를 소개해서 제작하게 된다면 저는 완제가 되는 것이지요. 만약 일 년 뒤에 잔액이 남아 있으면 그때 나머지를 전부 지불하겠습니다."

제작자 입장에서도 이번 건을 맡아서 진행하고 싶었고, 결론적으로는 전액을 회수하게 되는 조건이니 군말 없이 합의를 했습니다.

결과는 어떻게 되었을까요?

세무사는 멋진 홈페이지를 개설하였고 그 홈페이지를 통해 계약도 몇 건이나 더 얻었습니다. 그리고 홈페이지를 제작하고 싶어 하는 중소기업 사장님들에게 이 제작자를 소개하여 제작 비용도 충당했지요. 그 후로도 홈페이지 제작을 원하는 사람을 계속 소개하여 중개 수수료도 챙겼을 뿐만 아니라 제작자도 덩달아 매출을 늘릴 수 있었습니다.

세무사는 문제를 해결하기 위해 침묵하고, 상대를 이해시키고자 노력하여 '창조적인 해결책이 없을까?' 하고 지혜를 발휘한 결과, 더욱 좋은 해결 방안에 도달할 수 있었습니다.

옮긴이 우다혜

대학에서 일본어와 사회복지를 공부했다. 번역가를 통해서만 작가의 세계를 알릴 수 있다는 사명감을 가지고 정확하고 투명하게 글을 옮기고자 노력하고 있다. 현재는 글밥 아카데미 일어 출판 번역 과정 수료 후 바른 번역 소속 번역가로 활동하고 있으며, 옮긴 책으로는 《소심해도 리더 잘할 수 있습니다》, 《처음 시작하는 자신의 심리학》, 《쉽게 흔들리는 감정을 지금 당장 없애는 법》, 《행동을 디자인하다》 등이 있다.

말에도 적당한 거리가 필요합니다

초판 1쇄 인쇄   2020년 1월 14일
초판 1쇄 발행   2020년 1월 20일

지은이   다니하라 마코토
옮긴이   우다혜
발행인   윤호권

본부장   김경섭
책임편집   송현경
기획편집   정은미 · 정상미 · 정인경 · 김하영
디자인   정정은 · 김덕오
마케팅   윤주환 · 어윤지 · 이강희
제작   정웅래 · 김영훈

발행처   지식너머
출판등록   제2013-000128호
주소   서울특별시 서초구 사임당로 82 (우편번호 06641)
전화   편집 (02) 3487-1141, 영업 (02) 3471-8044

ISBN   978-89-527-4837-9   03190

지식너머는 ㈜시공사의 임프린트입니다.